Juana la Loca

Divulgación

José Luis Olaizola

Juana la Loca

Planeta

Còrsega, 273-279. 08008 Barcelona (España)

Diseño de la cubierta: Opal
Ilustración de la cubierta: fragmento del cuadro «Juana la Loca delante del ataúd de su marido», Francisco Pradilla y Ortiz (1878), © Corbis
Primera edición en Colección Booket: enero de 2002

Depósito legal: B. 50.536-2001
ISBN: 84-08-04254-8
Impreso en: Litografía Rosés, S. A.
Encuadernado por: Litografía Rosés, S. A.
Printed in Spain - Impreso en España

Biografía

José Luis Olaizola (San Sebastián, 1927) tiene una extensa producción literaria tanto de novelas como de ensayos. De sus novelas destacan: *Planicio* (Premio Ateneo de Sevilla 1976), *Lolo* (finalista del mismo certamen), *La guerra del general Escobar* (Premio Planeta 1983), *Cucho* (Premio de Literatura Infantil Barco de Vapor y, en su traducción al francés, Grand Prix de l'Académie des Lecteurs), *El cazador urbano* (Prix Littéraire de Bourran, Burdeos), *El valle del silencio* y *El caballero del Cid*. De sus ensayos citamos: *El Cid, el último héroe*; *Hernán Cortés, crónica de un imposible*; *Bartolomé de Las Casas, crónica de un sueño*; *Los amores de Teresa de Jesús*; *Un escritor en busca de Dios*; *Viaje al fondo de la esperanza* y *Más allá de la muerte*.

En 1991 publicó *La puerta de la esperanza*, escrito en colaboración con el fallecido doctor Vallejo-Nágera, que ha sido uno de los libros más vendidos en los últimos años, superando con creces la cifra de 300.000 ejemplares.

Su última novela, *El amante vicario*, fue publicada por Editorial Planeta en 2001.

ÍNDICE

A mi nieta Prisca

Ellalta Reyna dona
de castilla y

CAPÍTULO PRIMERO

A LA SOMBRA DE LA REINA CATÓLICA

El cronista se asoma con prudencia a la vida de una reina de Castilla de quien dicen que de tal sólo tuvo el nombre, pues habiendo perdido el juicio por culpa de un mal de amores, ciñó corona, pero no gobernó como reina; se asoma con prudencia, pero no por eso menos dispuesto a hurgar en los entresijos de una locura que, por afectar a personaje tan principal, había de tener sonadas consecuencias para toda la cristiandad.

El pueblo llano la tituló «doña Juana la Loca de amor» y en eso no acertó el saber popular, pues siendo cierto que hay locuras de amor, éstas suelen ser de suyo gozosas ya que, aun penando, disfruta quien pierde el seso por tal motivo. Por contra, doña Juana la Loca fue en extremo desgraciada en este mundo, que para ella resultó valle de lágrimas amarguísimas, ya que le tocó apurar el cáliz hasta las heces.

«La reina doña Isabel.» Devocionario de la reina Juana la Loca, de Pedro Marcuello.

Por estirpe y por las prendas naturales con que Dios la dotó al nacer, estaba llamada a ser la más dichosa de las criaturas; hija de los Reyes Católicos, fue educada con tal esmero que no sin justicia se dijo que era la princesa más instruida del Renacimiento. Se daba especial gracia para las artes musicales, y guardando el decoro que exigía la corte castellana, desde muy niña llamaba la atención por su encanto tanto en tañer el laúd, como en trenzar pasos de baile. De humanidades andaba sobrada, pues su madre se había cuidado de traer de Italia los mejores maestros, de manera que se expresaba en latín mejor que muchos canónigos. Pero por encima de todo destacaba por su hermosura, que apenas podía disimular la severidad en el vestir que impuso la reina Isabel en la corte, que exigía que los trajes fueran de paño de lana, hasta en los rigores del verano, y de color negro por ser éste más sufrido.

A los dieciséis años, siendo todavía doncella, en todo tenía el aire de una mujer, bien proporcionada, el rostro ovalado, con la frente muy despejada, el cabello recogido y trenzado sobre la nuca, el cuello airoso, fino y alargado, y el busto bien dotado y poco recatado, según la costumbre de la época que vedaba a los caballeros el lucirlo, mas no así a las mujeres, pues como razonaba fray Hernando de Talavera, confesor que fuera de la Reina Católica, «verdad es que las mujeres que crían deben traer los pechos ligeros de sacar».

Los Reyes Católicos tuvieron cuatro hijas, más un hijo varón, pero así como éste salió en todo muy poco agraciado, escaso de luces, torpe en el hablar y con el labio inferior caído, las hijas fueron muy hermosas, estando concordes quienes las conocieron que, sobre todas, destacaba Juana, y a continuación Catalina, la que casó con Enrique VIII de Inglaterra, que enamoró a todos los ingleses y a su mismo y temible marido, que si más tarde se perdió fue por la concupiscencia de la carne, mal de la época en las testas coronadas, como habrá ocasión de comprobar. De ahí que la primera injusticia que cometa la historia con esta desgraciada reina sea titular a su egregio esposo como Felipe el Hermoso, cuando la verdaderamente hermosa fue ella.

En el 1492 se sucedieron tal cúmulo de acontecimientos en España, que el cronista no puede por menos de estremecerse al recordarlos. Los Reyes Católicos pusieron fin a la dominación árabe en la Península, haciéndose con su último reducto, el reino de Granada, lo cual permitió respirar a Europa entera y mirar hacia los inmensos territorios del continente africano, que tantas riquezas encerraban, al tiempo que almas que conquistar para la verdadera fe. Por la mar atlántica, un genovés visionario, gracias a la intuición femenina de la misma Reina Católica, descubre un mundo ignoto del que lo único que se sabía es que estaba habitado por unos seres primitivos, también necesitados de cristianización, que no tenían en estima los yacimientos de oro de sus tierras que tan útiles eran para las guerras entre cristianos a las que tan dados eran los monarcas en aquellos tiempos.

Conseguida la unidad de España, en las personas de los reyes de Castilla y Aragón, fueron tales los bienes que se derivaron en orden a la paz en los campos y la prosperidad en las ciudades, que sus católicas majestades tentaron en ese mismo año de reforzar la unidad mediante la uniformidad de las conciencias. A tal fin todas habían de convertirse a la religión católica, la única verdadera, de manera que en los territorios del reino todos los súbditos habían de ser católicos, bien por nacimiento, bien por conversión. Como colofón, en la misma Alhambra de Granada, el 30 de marzo de 1492, firmaron ambos monarcas el decreto de expulsión de los judíos que se negaron a bautizarse.

Admira al cronista que reina tan sesuda no atendiera en cuestión tan capital a las razones que le daban los teólogos de la Universidad de Salamanca, sapientísimos y de buena doctrina, que bien que le advertían cuán poco agradaban al Señor las violencias que se cometieran con las personas, so pretexto de convertirlas al cristianismo. Pero se hizo y de ello se derivaron no pocos males para España, ya que los judíos, pese a ser de suyo codiciosos de riquezas, con tal acierto sabían manejar los dineros que al tiempo que se lucraban ellos, beneficiaban a aquellos a quienes servían. Otro gallo le cantara al imperio español si hubieran sido judíos los que administraran las inmensas riquezas que llegaban allende los mares cuando reinaron los Habsburgo —a no mucho tardar—, que con una mano las cogían y con la otra las hacían llegar a Flandes, Nápoles o Sicilia, por un quítame allá estas pajas, de un linde de fronteras, que parecía que les iba la vida a los monarcas que estuvieran una cuarta más aquí o más allá, y pasados los siglos Francia sigue donde estaba, y lo mismo puede decirse de Alemania, Nápoles o Sicilia, por no citar las islas del otro lado del canal de la Mancha. Mientras tanto muchas madres se quedaban sin sus hijos, muchas esposas sin maridos, muchas doncellas sin honra, y muchas almas penando en el purgatorio o quién sabe si en los infiernos, pues habiendo dineros, guerras, mercenarios, saqueos, motines y violaciones, el demonio tiene grandes oportunidades de lucirse llevando a su redil a quienes en la sinrazón del combate olvidan toda justicia y caridad.

Por ser tiempos en los que los asuntos más capitales se resolvían, bien en los campos de batalla, bien en tálamos regios, los Reyes Católicos, deseosos de conseguir para Europa el fruto ya logrado para España, comenzaron a concertar matrimonios con los que soñaban obtener la unidad de los principales príncipes cristianos.

Al único hijo varón heredero de las coronas de Aragón y Castilla, se apresuraron a desposarlo a la temprana edad de dieciocho años con Margarita de Austria, hija del emperador Maximiliano, y casarse y morirse todo fue uno. Su maestro, el famoso dominico fray Diego de Deza, advirtió a la Reina Católica que si bien entendía oportuno el matrimonio por razones de estado, consideraba prudente dilatar su consumación, dado que el joven príncipe era de salud muy precaria. Pero la reina, bien por no separar lo que Dios había unido, bien por propiciar cuanto antes el nacimiento de un heredero que en su día ciñera la corona de ambos imperios, no consintió en la separación. Decidida la consumación, todos se aplicaron para que fuera fructífera y su ayo, Juan de Zapata, dispuso que se alimentara el príncipe de carne de tortuga por ser fama las virtudes de estos quelonios en orden a la procreación.

El príncipe Juan cumplió lo que se esperaba de él logrando dejar en estado de buena esperanza a su joven y encantadora esposa, pero falleció a los pocos días de unas fiebres muy súbitas, que poco tenían que ver con las del amor. No obstante, los cronistas de la época tejieron la leyenda de su pasión que ha llegado a nuestros días, por ser muy del gusto de poetas y juglares el escribir endechas sobre «un príncipe que murió de amor»; voces más autorizadas entienden que el mal estuvo en alimentación tan inadecuada, como fuera la de los citados quelonios. El caso es que murió, fue enterrado en el convento de los dominicos de Santo Tomás de Ávila, y poco después, muy cerca de él, recibió sepultura su ayo Juan de Zapata, que con tan buena intención tan mal le aconsejó.

La Reina Católica quedó sumida en el más profundo dolor ante la pérdida de su único hijo varón, con el solo consuelo del fruto concebido en las entrañas de la princesa Margarita, que poco le duró pues a los tres meses sufría el aborto de un feto varón.

Fallecido el príncipe de Asturias, sin herederos, la sucesión recaía en su hermana Isabel, hermosa como todas las hermanas, a la sazón casada con el rey Manuel I de Portugal. Esta joven princesa ya había estado casada con el infante Alfonso, también de Portugal, tan enamorada que, cuando el infante murió prematuramente, sintió tal desconsuelo que hizo el firme propósito de profesar en religión, pues ya no quería otro esposo que no fuera Nuestro Señor Jesucristo. Pero su madre no se lo consintió advirtiéndole que «no nos podemos permitir tales deleites las que hemos nacido para ser reinas». Casó, por tanto, con Manuel el Bueno por las mismas fechas en las que fallecía su hermano Juan, y en su momento la Reina Católica recibió la buena nueva de que Isabel estaba encinta, ya de meses mayores, dando a luz el 24 de agosto del 1498 a un varón, al que bautizaron con el nombre de Miguel, pero falleciendo la princesa reina ese mismo día a causa de un mal parto.

Ante desgracia tan seguida la Reina Católica quedó sumida en un dolor reconcentrado, muy aferrada a la cruz de Cristo y repitiendo una y otra vez la frase de la Escritura: «Dios me lo dio, Dios me lo ha quitado.» Su marido, el Rey Católico, pronto le hizo ver cómo era su obligación, pese a tanta adversidad, consolidar cuanto habían hecho por la unidad de España, extendiéndola a toda la península Ibérica, en la persona del infante Miguel, y cómo convenía que fuera educado en Castilla quien estaba llamado a ceñir la corona de los inmensos territorios que, españoles por un lado y portugueses por el otro, estaban descubriendo para la cristiandad. Vino el infante a España, fue reconocido como príncipe heredero por castellanos y aragoneses, pero la adversa fortuna se cebó una vez más en tan preclaras majestades y el 20 de julio del año 1500, sin haber cumplido todavía los dos años, fallecía el príncipe Miguel en la ciudad de Granada. Cuenta Pedro Mártir de Anglería, notable humanista de la época, que la Reina Católica ante este nuevo lanzazo sólo acertó a decir, traspasada de dolor: «Cómo había de imaginar que ciudad que tan dichosa me hizo cuando entré en ella por vez primera había de ocasionarme pena tan acerba.»

Así se arruinaron sus esperanzas de proyectar un imperio desde la península Ibérica, y se dio paso a la dinastía de los Habsburgo en la persona de doña Juana la Loca, casada en el 1496 con el archiduque de Borgoña, don Felipe el Hermoso.

Cuando se concertó este matrimonio todavía no se habían concitado tantas desgracias sobre los Reyes Católicos que, ufanos como estaban de sus logros en los campos de batalla, querían ahora roturar el camino hacia Europa casando a sus hijas con los más principales monarcas, salvado el rey de Francia, cristianísimo como ellos, pero con intereses encontrados desde que en el 1483 los franceses se apoderaran del reino de Nápoles; no podía consentir el Rey Católico semejante desmán ya que el citado reino pertenecía a la dinastía aragonesa, por lo que no cejó hasta recuperarlo dos años después, gracias al talento militar de don Gonzalo Fernández de Córdoba, a quien desde entonces se le conoció con el sobrenombre del Gran Capitán. Entre eso y los piques de fronteras que se traían, unas veces por la parte del Rosellón, otras por las de Fuenterrabía, las guerras entre ambos países se sucedieron durante generaciones y hay quien piensa que por tal motivo franceses y españoles siguen mirándose, hoy en día, con mal disimulado recelo.

Entendieron los Reyes Católicos que el camino de la paz pasaba por tener bien cercado a tan poderoso enemigo como era el rey de Francia, a la sazón Luis XII, hombre de mediano talento, pero monarca de un país tan rico, que siempre disponía de caudales para organizar ejércitos mercenarios, bien de suizos, bien de alemanes, que hicieron de su reinado una guerra sin fin. Fue monarca muy del agrado del pueblo por su benevolencia y sentido de la justicia, y si no consiguió mayor prosperidad para él fue por entender que por encima de todo estaba el honor de Francia que no consentía que resultara empeñado en los campos de batalla. En tal sentido mucho le hizo padecer el denominado Gran Capitán.

A tal fin, casaron los Reyes Católicos a su hija Juana con el archiduque y heredero del imperio de los Habsburgo, don Felipe el Hermoso, vecino de Francia por el linde norte, y a su hija Catalina con el rey de Inglaterra, Enrique VIII, vecino por la parte del canal de la Mancha. Pero en tanto tenían sus buenas relaciones con el imperio alemán que el enlace que concertaron fue doble: el citado entre Juana y Felipe el Hermoso, y el también ya mencionado, de infausto recuerdo, del príncipe Juan y la princesa Margarita. Y convinieron en que una armada de Castilla se desplazara a Flandes, llevando a la princesa que había de casar con el archiduque de Borgoña, y que a su regreso traería a la princesa Margarita para casar con el infortunado príncipe de Asturias.

Eso sucedía en el verano del 1495 y la Reina Católica, pese a su austero sentido de la vida, armó la expedición naval más fastuosa de la historia, para que tomaran conciencia todos los países ribereños del mar del Norte de cómo un oscuro condado de la altiplanicie castellana podía convertirse en dueño de los mares. Convenía tal alarde porque el reino de España no estaba todavía demasiado considerado por el resto de naciones europeas, ya que su población rondaba los ocho millones de habitantes, frente a los veinte que tenía Francia. En cuanto a sus ciudades eran tenidas por las más pequeñas de Europa, ya que la más principal, Valladolid, que hacía las veces de sede de la Corona, justo alcanzaba los veinticinco mil habitantes. No obstante, las riquezas que comenzaban a llegar de América pronto harían cambiar las cosas, aunque no todas ellas se emplearon como mejor convenía para el reino.

Dispuso la Reina Católica que todos los astilleros del Cantábrico y todas las ferrerías de Guipúzcoa se pusieran a trabajar para armar la que, sin exceso, acabó siendo calificada de ciudad flotante. Previsto inicialmente que la armada se compondría de doce barcos, fueron finalmente veintidós, todos muy bien dotados de artillería y gente de armas para que ni por mientes se le pasara al rey de Francia el interceptar convoy que tan en contra de sus intereses navegaba cerca de sus costas. Hasta el famoso almirante Cristóbal Colón fue requerido para que emitiese su juicio sobre las condiciones de la navegación por mares tan procelosos.

En el mes de agosto del citado verano la armada surta entre la peña de Santoña y la hermosa playa de Laredo. Se componía de dos carracas genovesas, barcos de buen calado, de navegar muy plácido, en una de las cuales, al mando de Juan Pérez, había de viajar la princesa Juana; más quince naos de las denominadas vizcaínas, gobernadas por pilotos de esa costa, todas ellas muy veleras, y cinco carabelas que habrían de cerrar la marcha del convoy. La dotación de armamento era de cuatrocientos cañones, con sus correspondientes artilleros, no menos de tres por pieza, más doscientos escopeteros, quinientos ballesteros y tres mil lanceros. Las gentes de la costa no se cansaban de admirar tanto esplendor, y hasta el embajador del papa se desplazó a Laredo para comprobar con sus propios ojos lo que contaban y no acababan sobre aquella armada.

El armador principal era un tal Juan de Arbolancha, de quien no consta su procedencia, pero sí su condición de marinero audaz y aprovechado, con ribetes de corsario, ya que sí consta que sus hermanos, que en todo le estaban sujetos, asaltaban a los mercantes ingleses que se salían de su ruta. Esto bien lo sabía el Rey Católico, pero había de consentirlo por ser mal de la época la afición que tenían al botín cuantos andaban en empresas de armas.

Este Juan de Arbolancha fue quien tuvo la idea de que para que la armada luciera más en todo, habían de incorporarse al convoy todos los barcos laneros que hacían la ruta de Flandes, obligándoles a esperar a la marea más propicia para la armada real. Esto trajo retrasos y no pocos problemas, pues no todo lo que porteaban los mercantes eran lanas, ya que también llevaban frutas y otras materias perecederas y a la Corona le tocó soportar esas pérdidas.

Admira que para casar a una hija se mostraran sus majestades católicas tan desprendidas en el gasto, en comparación con las miserias que hubieron de pasar los que armaron las tres carabelas que dieron gloria imperecedera a la Corona de Castilla con el descubrimiento de América. Bien es cierto que si lleváramos un profeta en ancas, en todo acertaríamos, pero ni siquiera los reyes gozan de ese privilegio, como a la vista está en el caso de sus majestades católicas, los reyes Fernando e Isabel. Si la armada que queda descrita, tan dotada de soldados, como de sabios, teólogos, y demás gente principal —baste considerar que sólo la corte al servicio de la princesa Juana la componían 4160 personajes—, en lugar de enviarla a un pequeño país de Europa, la hubieran mandado a las inmensidades descubiertas allende la mar atlántica, a estas fechas es posible que todas aquellas tierras, desde Terranova hasta la Tierra del Fuego, hablasen español, incluida la ciudad de Nueva York.

Si en eso no acertaron sus majestades católicas, menos gracia tuvieron en los matrimonios de sus hijos. A los dos mayores, Juan e Isabel, les costó la vida, como queda dicho: al primero por casar demasiado pronto, y a la segunda por no dejarla profesar en religión. En cuanto a Catalina, por casar con Enrique VIII de Inglaterra, mucho hubo de sufrir, y a la postre el mayor daño fue para toda la cristiandad, pues por culpa de monarca tan venal como lujurioso se perdieron sus reinos para la catolicidad. De los cinco hijos que tuvieron los Reyes Católicos, sólo María alcanzó la felicidad en el matrimonio, y no por méritos de sus reales padres, que sólo miraban al casarla por sus intereses con el país vecino, sino porque su marido, Manuel I de Portugal —viudo de su hermana Isabel—, resultó tan justo y benéfico que mereció el sobrenombre unas veces de Manuel el Bueno y otras el Afortunado, pues ambos títulos se merecía. Es natural que quien supo hacer feliz a su pueblo, también hiciera dichosa a su joven y encantadora esposa. En cuanto a Juana ya se verá lo que tuvo de positivo su matrimonio con Felipe el Hermoso, y los daños que de ello se derivaron.

Esta obsesión de arreglar los reinos mediante matrimonios dinásticos era común a todos los monarcas cristianos, hasta el punto de que un teólogo de Salamanca, de nombre Bartolomé Márquez, de la Orden de Predicadores, se atrevió a decir a la Reina Católica que mirase bien lo que hacía, pues Nuestro Señor Jesucristo había dispuesto el sacramento del matrimonio para fines que poco tenían que ver con tales arreglos; y que los Padres de la Iglesia eran unánimes en determinar que matrimonio celebrado sin libertad ni consentimiento de los contrayentes, de tal sólo tenía la apariencia, pues *«quod ab initio nullum est non potest tractus tempore convalescere»*, que era tanto como decir que eran nulos. ¿Y qué libertad podía haber en príncipes que se casaban tan forzadamente? La Reina Católica dicen que le escuchó con el respeto que le merecían los teólogos de tan ilustre universidad y prometió que les razonaría a sus hijos para que se casaran de grado, y no por fuerza. Ahora bien, qué es lo que entendía reina tan católica por casarse de buen grado, es algo que quedaba al fuero de su conciencia.

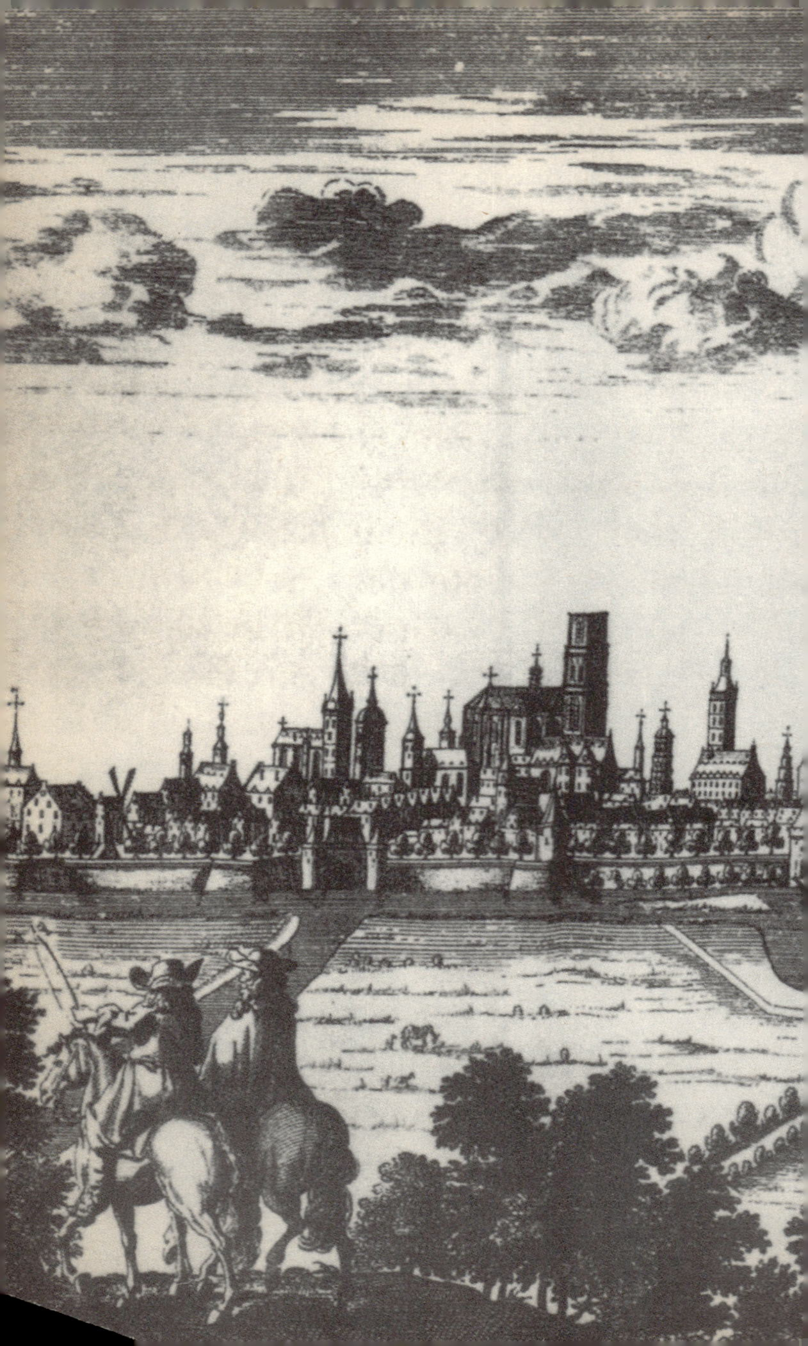

CAPÍTULO II

Camino de Flandes

En el caso de la princesa Juana no parece que se plantеara tal cuestión, pues hasta Castilla había llegado la fama de galán que tenía el príncipe llamado a ser su marido, de manera que todas las damas de la corte la felicitaban por su buena suerte, y le gastaban bromas sobre los goces que le depararía matrimonio tan bien concertado.

La reina Isabel, que al tiempo que casaba a su hija Juana quería mostrar el nuevo poderío de Castilla y Aragón al mundo entero, cuidó mucho los detalles de aquella magna expedición naval y, pese a no andar sobrada de salud, acompañó a su hija hasta la rada de Laredo, en lo más recio del verano. Era la Reina Católica muy andariega y dada a la corte itinerante, cuidando de estar presente allá donde su real persona fuese necesaria, no rehuyendo siquiera los campos de batalla, como demostró en el sitio de la ciudad de Granada; y estando sus hijas llamadas a ser reinas a no

Vista parcial de la ciudad flamenca de Gante.

mucho tardar, procuraba tenerlas cerca de sí para que la tomaran como modelo, no porque ella fuera orgullosa o se tuviera en más que otras majestades, sino por lo mucho que se había visto obligada a padecer, que es tanto como decir aprender, para conseguir hacer un país unido de lo que antaño fuera reino de taifas y señores feudales. Esa ciencia es la que quería transmitir a sus hijas, al extremo de ahormarlas a su persona, para que no se desperdiciara sabiduría conseguida con tantas lágrimas y penares.

Todas las hijas le eran muy devotas, pero consta que, salvado el príncipe de Asturias, Juana era la preferida de su corazón, pues al atractivo de su excepcional belleza se unía una dulzura de carácter y una suavidad en el decir, que prendían en el corazón de los que la trataban. De ahí el asombro que produjo su posterior locura, pues los que la habían conocido siendo doncella no alcanzaban a comprender que criatura tan risueña, se tornara en sombría y arrebatada apenas alcanzó la madurez. Tal fue el caso del almirante de Castilla, don Fadrique Enríquez, nobilísimo, que presidió la corte de la princesa en su viaje a Flandes, y fue de los que más se resistió a admitir la locura de su princesa venerada.

El día 20 de agosto de 1496 madre e hija subieron a bordo de la carraca de Juan Pérez, ilusionadas por lo que representaba aquella magna empresa, pero con el corazón dolorido ya que si los acontecimientos hubieran seguido el curso marcado por los hombres, hubiera sido aquélla la última oportunidad que tenían de estar juntas en este mundo. Juana marchaba a Flandes para ser archiduquesa de Borgoña, de por vida, lo que significaba no retornar nunca a Castilla. Por eso la Reina Católica se pasó un día y una noche en la carraca, dándole ánimos y consejos a su hija, y encareciéndole que no se cansara de dar gracias al Supremo Hacedor que había dispuesto que su enlace matrimonial se celebrara en tan favorables circunstancias.

Para que tomara buena conciencia de ello le contó con todo detalle cuán diferente había sido su boda con el rey Fernando, ella acosada por los cuatro costados por el partido de Juana la Beltraneja, que quería desposeerla de sus derechos a la corona, y su regio prometido peleando en Cataluña contra los nobles alzados en rebelión. Pero confiando en que el matrimonio convenido podría remediar tanto desorden, dispusieron que se celebrara en secreto, para que nadie pudiera impedir enlace que tanto bien había de traer al reino; y el rey Fernando se vio obligado a disfrazarse de arriero para así poder cruzar las líneas enemigas en compañía de unos pocos leales, que fueron los mismos que le fiaron el dinero para la sencilla ceremonia, que se celebró en un modesto castillo perteneciente a un hidalgo de la parte de Medina del Campo.

«Si de tan poco salió tanto, con la gracia de Dios —le razonó la Reina Católica a su hija—, de tanto, no faltando la misma gracia, ha de salir más.»

Y así la historia nos muestra, una vez más, que lo que los hombres discurren no sin fundamento las más de las veces no se cumple, sin que alcancemos a conocer las razones.

En la noche del 21 al 22 de agosto se levantó un viento favorable y el almirante de la armada, el famoso marino Sancho de Bazán, dio orden de levar anclas. El cronista Bernáldez cuenta que, gracias a las mañas del mencionado Juan de Arbolancha, los navíos que emprendieron aquella primera singladura no bajaban de los ciento treinta, cifra nunca vista por aquellos mares.

El multicolor de tantas banderolas como adornaban los navíos producía la sensación de un gigantesco dragón desperezándose a la salida del sol. Pasó toda la noche, y gran parte del día siguiente, y todavía seguían saliendo naves por la bocana del puerto, y al atardecer aún se divisaban velas desde las atalayas costeras.

Dispuso el almirante que se navegara en conserva, los navíos emparejados para que se pudieran ayudar los unos a los otros, cada pareja siguiendo la estela de la precedente, cuidando los más veleros de no tomar ventaja para que ninguno se quedara rezagado. La carraca de la princesa navegaba en el centro del convoy, a resguardo de cualquier peligro, y en este su primer viaje por el mar abierto, demostró la buena disposición de su naturaleza en lo que a salud se refiere, salvada la de la mente, pues en ningún momento sintió mareo, y procuró siempre que el tiempo lo permitía estar en cubierta, muy atenta a las explicaciones que le daba el presidente de su corte, el almirante Enríquez, sobre las circunstancias de la navegación.

Era también la primera vez que salía al mar abierto de la vida sin el resguardo de su egregia madre, y aun sin perder su natural sencillo se le puso el aire de quien es consciente de ser personaje principal en medio de tanto fasto, a quien todos deben reverencia.

Durante la primera semana se sucedieron singladuras muy plácidas, bajo un cielo azul, con un mar verde claro, y blanco espumoso bajo las quillas de las naves, entre las que jugueteaban los delfines como lebreles chicos con su dueño, hasta que al noveno día saltó un viento austral y traicionero, que acabó en tormenta tan alborotada que obligó a la armada a entrar en el puerto inglés de Portsmouth, de arribada forzosa, el día 31 de agosto.

Eran los ingleses, a la sazón, gente ruda, de costumbres poco refinadas, labradores y guerreros, muy encerrados en sus castillos a los que todavía no habían llegado los efluvios humanistas del Renacimiento europeo. De ahí el asombro que mostraron ante el esplendor de aquella expedición naval y, advertidos de quién viajaba en ella, se apresuraran a rendirle pleitesía los principales caballeros de la corte. La princesa Juana mostró en todo las maneras que aprendiera de su madre, siendo de admirar que tan núbil criatura recibiera el homenaje que por alcurnia le era debido, como si no hubiera hecho otra cosa en toda su vida. Edmond Blot, cronista inglés de la época, cuenta que tanto en la tripulación como en el pasaje se notaban los efectos de tres días de borrasca, excepto en la princesa, que lucía hermosos colores en sus mejillas, desprendiéndose de toda su persona una sensación de frescura y serenidad que hablaba mucho en su favor. También les admiró el que no consintiera en recibir ningún homenaje, sin antes rendírselo ella a quien está por encima de los hombres, disponiendo que se celebrara un tedéum de acción de gracias por haber salido con bien de la tormenta, en la principal iglesia de la ciudad de Portsmouth, a la que se encaminó por su propio pie, sin querer valerse de ningún carruaje.

Tanto alabaron al monarca inglés, Enrique VII, los encantos de la princesa española que, según nos cuenta el mismo Edmond Blot, se las ingenió para desplazarse hasta el puerto de Portsmouth y poder verla de manera oculta, pues el protocolo no permitía que un rey saliera al encuentro de una princesa de no mediar razones de estado. Su curiosidad en parte estaba justificada ya que por aquellos días andaba negociando el matrimonio de su hijo primogénito con

Catalina de Aragón y a la vista de la princesa, y de lo que de ella le contaban, dijo: «Si su hermana Catalina en algo se le parece, no creo que hagamos mal negocio haciéndola nuestra reina, pues si el cuerpo es el estuche del alma, no es de suponer que estuche tan precioso contenga un mísero interior.»

Quedó tan prendado de aquella hermosura que pasados los años, siendo ambos viudos, y pese a que ella ya traía fama de estar loca, la pidió en matrimonio a su padre, el Rey Católico, quien no quiso dársela por las causas que se verán en su momento, si procede.

Duró aquella primera estancia de la princesa en Inglaterra solamente dos días, ya que en cuanto se calmó el mar reembarcaron rumbo a Flandes, adonde arribaron el día 9 de setiembre. La recepción de la corte flamenca fue muy cálida, aunque con el contratiempo de que su prometido, Felipe el Hermoso, duque de Borgoña, no pudo salir a recibirla por encontrarse en Lindau, a orillas del lago Constanza, presidiendo la dieta en nombre de su padre, el emperador Maximiliano de Austria.

Como no hay mal que por bien no venga, tal contratiempo permitió a la princesa ir conociendo su nueva patria, sus costumbres, tan distintas de las de Castilla y, lo que es más importante, el idioma. Estaba convenido que ambos príncipes habían de entenderse en latín, pero pronto advirtieron a doña Juana que todo lo que tenía su prometido de ducho en toda clase de ejercicios físicos, bien de caza, de juegos de pelota, y no digamos de danzas y correrías, lo tenía de remiso para las humanidades, estando, por tanto, muy poco instruido en la lengua de Cicerón. Juana, que ya había estudiado el francés con su maestro políglota, Pedro Mártir de Anglería, se aplicó a él con tal devoción que los flamencos que se incorporaban a su cortejo se admiraban de ver cómo mejoraba su expresión, de día en día.

Cortejo fue, y de los más triunfales, ya que a su paso por las poblaciones era tal el afán que tenían sus habitantes de conocer a su futura soberana, que doña Juana se veía precisada a dejar su carruaje y entrar en ellas amazona sobre una mula ricamente enjaezada, para que pudiera ser bien vista de todos. Y, según corría la noticia de su belleza y encanto, hasta en los caminos se agolpaban las gentes para verla pasar. La futura archiduquesa recibía las aclamaciones con gran sencillez, procurando tener palabras de agradecimiento para todos los señores principales que salían a recibirla. En esto mucho le servía el consejo del almirante Enríquez, que no se separaba de ella. Las jornadas que precedieron a su entrada en Amberes, las tuvo que hacer sobre la mula pues durante todo el trayecto había gentes enfervorizadas que no cesaban de aclamarla. Fue de admirar que sus caballeros del cortejo no podían aguantar jornadas tan prolongadas, y debían turnarse, mientras que la princesa, grácil y sonriente, nunca parecía mostrar fatiga.

Acompañaban a doña Juana sus damas de honor, jóvenes también, y las más de ellas muy agraciadas, pues era política del rey Fernando el Católico el que casaran con nobles flamencos, siempre con el pío de que en las alcobas conyugales se reforzasen los lazos políticos entre ambos reinos. Bodas hubo entre flamencos y castellanas, pero no consta que por ello cambiasen de su sitio las fronteras.

A los holandeses les admiraba el talle de las españolas y sus rostros ovalados, muy distintos de los de las flamencas, abundantes en carnes y en colores, y, por la novedad, las ensalzaban poniéndolas como ejemplo de suma belleza, dando lugar a no pocos piques con las nativas. Por uno o por otro motivo aquel cortejo se convirtió en un acontecimiento, teniendo cada día noticias de él Felipe el Hermoso, que ardía en impaciencia de conocer a prometida que tanto le loaban, pero sin que pudiera apresurar su viaje, retenido como estaba en Lindau, presidiendo una dieta de la que se esperaban obtener fondos para las arcas siempre exhaustas del emperador.

Para compensar su ausencia, y siguiendo el consejo de su preceptor, Francisco de Buxleiden, arzobispo de Besançon, comenzó a enviarle por correos especiales, misivas de su puño y letra, con tales lindezas y ternuras que Juana no salía de su pasmo ante el talante poético de su regio prometido del que nadie le había hablado. El secreto estaba en que si bien la letra era del archiduque, la poesía se la dictaba un juglar de la corte, de nombre De Very, famoso en todas las justas poéticas. Juana aprovechaba los mismos correos de vuelta para enviarle misivas no menos rendidas y amorosas, por lo que no cabe dudar que ambos jóvenes llegaron a amarse sin conocerse.

Juana vivía como en un sueño, agasajada por donde pasaba, y siendo la envidia de todas las damas de la corte flamenca, que no se cansaban de decirle que se iba a casar con el soberano más hermoso del orbe, al tiempo que más cumplido galán, más diestro bailarín, más bravo jinete, amén de excelente conversador. Es de admirar que amores que comenzaban bajo tan buenos auspicios estuvieran llamados a terminar de manera tan infausta.

IN NOMINE SCE ET INDIVIDUE TRINITAT

Notum sit universis quod nos MAXIMILIANUS &c divi- AM
na fauente clementia Romanorum Rex semper Augustus ac Hunga-
rie Dalmatie Croatie &c Rex Archidux Austrie Dux Burgundie
Lothoringie Brabantie Stirie Carinthie Carniole Lymburgie Lucem-
burgie et Gheldrie Comes Flandrie in Habspurg Tirolis Ferretis
in Kiburg Arthesii et Burgundie Palatinus Hannonie Hollan-
die Seelandie Namurci et Zutphanie Marchio Sacri Roma-
ni Imperii et Burgonie Lantgrauius Alsatie Dominus Frisie Mar-
chie Sclauonice Portusnaonis Salinarum et Mechlinie &c ex una.
Et ego Franciscus de Rojas Sacrarum Maiestatum Serenissi-
morum Excellentissimorum ac potentissimorum Principum et
dominorum domini FERDINANDI &c et domine
ELIZABETH &c dei gratia Regis et Regine Castelle
Legionis Aragonum Sicilie Granate Toleti Vallentie Galletie Ma-
ioricarum Hispalis Sardinie Cordube Corsice Murtie Giennis
Algarbii Algezire Gibraltaris et Insularum Canarie Comitis et
Comitisse Barchinone Dominorum Vizcaye et Moline Ducum
Athenarum et Neopatrie Comitum Rossilionis et Ceritanie
Marchionum Oristani et Gotiani &c supremorum dominorum
meorum Orator Consiliarius et Procurator generalis et spetialis
Necnon Illustrissimi ac Excellentissimi Principis et domi-
ni Domini Iohannis Principis Asturiarum et Gerunde Primo-
geniti et heredis Regnorum Castelle Legionis Aragonum &c domini mei
Et Illustrissime ac Excellentissime domine Infantis Domine
Iohanne Infantis Hispanie Castelle et Aragonum &c domi-
ne mee filii et filie Sacrarum Maiestatum dictorum Sere-
nissimorum Excellentissimorum ac potentissimorum Principum
et dominorum domini Regis et domine Regine Hispaniarum
et Sicilie &c Procurator generalis ac spetialis et sufficiens ad
omnia et singula infrascripta cum plenis et sufficientibus
Mandatis facultatibus ac Potestatibus constitutus Procuratorio

CAPÍTULO III

MATRIMONIO DE AMOR EN EL MONASTERIO DE LIERRE

Por fin pudieron encontrarse los enamorados mediado el mes de octubre, en la ciudad de Lierre, en un monasterio en el que se había recluido la princesa, por consejo de quien hacía las veces de su capellán, don Luis de Osorio, obispo de Jaén, a quien la Reina Católica había encomendado la guarda del alma de su hija, para lo cual le había dado atribuciones en aquella corte itinerante semejantes a las del mismo almirante Enríquez.

Era este prelado hombre de probada virtud, que no pudo menos que escandalizarse ante las licenciosas costumbres de los flamencos, sobre todo en lo que al trato entre ambos sexos se refería, en lo que podía influir la desmedida afición que tenían a la bebida, hasta el punto de que no era extraño el que las mujeres tuvieran que andar buscando a sus maridos, por tabernas y lupanares, y hasta por las noches, con un farol en la mano, para llevárselos a sus casas borra-

Primera página de las capitulaciones de la boda de la infanta Juana con Felipe el Hermoso.

chos perdidos. En ocasiones, como se emborrachaban juntos hombres y mujeres, en descarada orgía, sentados alrededor de grandes mesas de madera, intercambiando procacidades entre ellos, la municipalidad de Amberes dispuso unos grandes carromatos que los recogieran ya bien entrada la noche y los llevaran a sus casas. Al día siguiente debían pagar una multa para costear el servicio, pero esto no lo discutían, pues cuando recobraban el juicio se mostraban como ciudadanos dóciles y cumplidores de la ley.

Esto en cuanto al pueblo llano se refiere, porque los nobles se emborrachaban igualmente, pero disponían de criados que les atendieran cuando eso ocurría, aunque no siempre, pues el barón de Lire, caballero del Toisón de Oro, se emborrachó en compañía de la baronesa, con tan mala fortuna que también se embriagó su cochero dando con el carruaje en el río Mosa, y pereciendo los tres ahogados. Por no ser buena tierra para viñedos, la bebida principal era la cerveza que, en ocasiones, la tomaban caliente para que más pronto se les subieran a la cabeza sus mefíticos vapores.

Tan relajada estaba la moral que tenían en poco la virtud de las doncellas, no siendo cuestión de honor, como en Castilla, el que se les mancillase la honra, al extremo de que no era extraño que muchachas de humilde condición reuniesen los dineros para su dote, ganándoselos en las mancebías que abundaban no menos que las tabernas, aunque tanto unas como otras poco tenían que ver con las de España, por lo limpias y bien provistas que estaban. La fidelidad conyugal tampoco era tenida en mucho y la legitimación de hijos bastardos ocupaba tomos enteros en los archivos de las municipalidades. A los hijos bastardos les llamaban sobrinos y, según un dicho de la época, resultaba verdaderamente singular que habiendo tan pocos padres, hubiera tantos tíos.

El obispo de Jaén pronto se apercibió de tanta depravación y no se cansaba de hacerle consideraciones a la princesa sobre la tarea que habría de acometer, cuando fuera soberana de aquellos territorios, de reforma de las costumbres siguiendo el ejemplo de lo que su madre, la Reina Católica, había hecho en los reinos de Castilla y Aragón. La princesa a todo asentía y por eso accedió a encerrarse en el monasterio de Lierre en espera de su anhelado prometido. La espera duró una semana, durante la cual doña Juana se mostró muy comedida en recibir gentes, atenta a seguir los oficios de las religiosas y a participar en las actividades conventuales, para serenar su ánimo después de tantas vanaglorias mundanas. Estaban estas monjas, benedictinas, muy interesadas en los estudios teológicos, escriturísticos y patrísticos, lo cual ya era excepcional en aquellos tiempos, pero más aún el que una princesa real de tantas prendas pudiera departir con ellas en latín y hablar sobre cuestiones que sólo estaban al alcance de gente muy letrada. La madre abadesa no se cansaba de dar gracias al Señor porque les hubiera enviado una soberana tan cumplida.

Al séptimo día se presentó en el monasterio Felipe el Hermoso, de manera inesperada. Tan pronto terminó la Dieta de Lindau había partido en busca de su prometida, a uña de caballo, mediante postas, lo que significaba reventar al noble bruto y cambiar de montura cada dos o tres leguas, en cuantas casas de postas encontrara en su camino, dándosele poco que fueran, o no, de las caballerizas reales. Para ir más ligero no consintió que le acompañaran más que unos pocos caballeros, todos buenos jinetes como él, de manera que viaje que de suyo llevaba una semana, lo hicieron en poco más de tres días.

Llegaron en un atardecer lluvioso, como corresponde al otoño en aquellas regiones y, por inesperado, la guardia de la princesa no quería dejar pasar a aquel extraño cortejo que con las ropas mojadas, y sobre monturas de casas de postas, poco podían imaginar que correspondía al soberano del país. También hubo lo suyo para que les dejasen pasar al monasterio, pues por ser de clausura mitigada, no podían entrar en él varones después del rezo de vísperas. La abadesa, que se llamaba María de Soissons, accedió por entender que tenía atribuciones para dispensar de tal prohibición a las personas de la casa real.

Esta María de Soissons era mujer de alcurnia que había profesado monja siendo ya viuda y, por tanto, experimentada en los negocios del mundo. Por eso dispuso que se le habilitara al duque el zaguán de entrada, que era muy hermoso, con un buen fuego para secar sus ropas, y mandó que les sirvieran de comer y de beber, y ahí puede estar el secreto de lo que ocurrió aquella noche. Mientras Felipe el Hermoso se reponía de las fatigas del viaje, la María de Soissons, con ayuda de dos doncellas, cuidó de que la princesa se vistiera con sus galas más seductoras y le dio consejos sobre cómo había de comportarse con quien había de ser su señor en este mundo.

Con tales preparativos es natural que Felipe el Hermoso recibiera a Juana de Castilla en las mejores disposiciones de ánimo y quedara embargado ante la belleza de aquella doncella de diecisiete años, que supo mostrarse recatada en su presencia, pero sin perder un ápice de la dignidad que le confería el ser hija de la reina más notable de la cristiandad.

El duque de Borgoña contaba, a la sazón, dieciocho años y era el soberano del reino de Borgoña y heredero, en buena parte, del imperio de Carlomagno. Aquel reino comprendía además de Borgoña, los ducados de Brabante y Luxemburgo, más los condados de Flandes, Artois, Henegau, Holanda, Zelandia y Namur y los señoríos de Malinas, Oberyssel y Maastricht; todo esto lo había heredado por muerte prematura de su madre, la reina María de Borgoña. Además, por parte de su padre, el emperador Maximiliano, había de heredar el imperio alemán de los Habsburgo. Sin ser territorios de gran extensión eran muy codiciados por los monarcas europeos, tanto por la prosperidad de sus ciudades, como por entender que representaban el baluarte contra la hegemonía de Francia, que, de hacerse con ellos, sería como hacer suya toda Europa. De ahí la marea que se traían unos y otros con los matrimonios reales, y sus consiguientes alianzas, aunque a la postre tales negocios de estado acababan resolviéndose más a cañonazos, o con dineros, que con amores.

En tales circunstancias era inevitable que joven tan agraciado como Felipe el Hermoso, consciente de su privilegiada posición en el concierto de naciones, tuviera un punto de arrogancia, aunque no siempre, pues si bien tenía arrebatos de enfado, no solían durarle mucho tiempo, y pronto se olvidaba del agravio. Era de natural bien humorado, muy dado a bromas y donaires, sobre todo de subido color, lo cual le creó algún problema en la corte de Castilla.

En cuanto a lo físico era de buenas proporciones, alto, robusto y muy sufrido para el ejercicio físico, hasta el punto de que padeciendo con la rótula de la rodilla derecha, que se le descolocaba por culpa de una lesión de infancia, él mismo se la volvía a colocar, y seguía con lo que estuviera haciendo. Como jinete era arriesgadísimo, lo cual es de admirar si se considera que la prematura muerte de su madre, la reina María, fue a causa de una caída de caballo. El color de la cara lo tenía muy claro por la parte de la frente y rojizo en las mejillas; el cabello rubio, como es habitual en los flamencos, y los ojos azules que sorprendían por la dulzura con los que sabía mirar; no estando enfadado, lo cual sucedía raramente, se mostraban siempre reidores. Se sentía muy ufano de sus manos, finas y alargadas, y disponía de un mayordomo cuyo único trabajo era cuidárselas, sobre todo las uñas, que siempre habían de tener la misma forma y medida. Los dientes los tenía cariados y procuraba disimular ese defecto con piezas de oro, y por eso se puso de moda en la corte de Bruselas lucir dientes de oro, aunque no hubiera mellas en la dentadura. De todos modos el príncipe Felipe sufría mucho de las muelas, y nunca viajaba sin un cirujano que le atendiera en este punto. Quizá por culpa de este mal, y a diferencia de sus vasallos, era muy moderado en el comer y poco dado a los excesos en la bebida.

Sin embargo aquella noche, que fue la del 12 de octubre del 1496, bien fuera por cortedad ante el encuentro con la que iba a ser su esposa, bien por superar los fríos y humedades de las jornadas pasadas, bebió cerveza caliente con los efectos consiguientes. Cuentan de Felipe el Hermoso que, en ocasiones, se mostraba tan llano y afable en el trato que hasta hacía menoscabo de su majestad; aquélla debió de ser una de esas ocasiones, pues apenas mediaron presentaciones de damas y caballeros, mostrándose el duque en extremo encantador, no consintiendo que su prometida le hiciera ninguna reverencia. Le rogó que se sentara cabe sí frente al gran fuego de la chimenea, pidiendo a los caballeros y a las doncellas que les permitieran hablar, sin su presencia, pues debían conocerse bien quienes estaban llamados a estar juntos de por vida.

Lo que hablaran nadie lo sabe, pero el embeleso del uno por el otro resultaba evidente y nunca se había visto que dos realezas se trataran con tal llaneza y que hasta con risas compartieran la bebida, a la que tan poco acostumbrada estaba la princesa de Castilla.

Al cabo de un tiempo don Felipe el Hermoso comunicó a sus caballeros que puesto que sus augustos padres habían dispuesto aquel matrimonio, y tanto él, como la princesa, estaban de acuerdo en ello, viendo en todo la voluntad de Dios, no había motivo para dilatarlo sino que en tal momento y ocasión había de celebrarse.

Como a la abadesa, cuya autoridad dentro de los muros del monasterio estaba por encima de la del rey, le pareciese poco decorosa tanta precipitación en el casar, se lo hizo ver a la princesa, rogándole que le razonase al duque sobre la conveniencia de esperar hasta que pudiera desposarlos el obispo de Malinas como estaba previsto. A lo que la princesa le contestó:

«Primero habíais de convencerme a mí, reverenda madre abadesa, de esa conveniencia, que no alcanzo a comprender, pues bastante hemos esperado el uno por el otro, para que ahora tengamos que esperar, también, a su Eminencia el Obispo de Malinas.»

La abadesa, temerosa de las cuentas que pudieran pedirle tanto el almirante de Castilla, como el obispo de Jaén, por consentir en matrimonio tan poco solemne, le insistió a la princesa que tanta precipitación era propio de doncella atropellada, a lo que doña Juana replicó:

«Por las trazas que trae vuestro soberano corro el riesgo de sufrir tal atropello si no consiento en lo que su majestad quiere y yo soy gustosa en consentir.»

Viendo María de Soissons que nada iba a hacerles cambiar de parecer, requirió la presencia del capellán del monasterio que vivía a media legua de allí, el cual era un fraile, también de la Orden de San Benito, quien manifestó que si ambos contrayentes estaban en edad de matrimoniar, y no constaba que hubiera otra clase de impedimento, poco se le daba a él que fueran realezas o plebeyos, pues su obligación era casarlos como querían. Éste era un fraile muy ascético y elevado, que sólo atendía al bien de las almas, estando tan alejado de los negocios de este mundo que apenas conocía quiénes eran aquellas majestades.

Los casó bien avanzada la noche y a la abadesa le entraron escrúpulos de que los regios esposos pasaran su noche de bodas en lugar consagrado a Dios. A lo que el padre benedictino replicó que tan sagrado como un monasterio era el lecho conyugal cuando en él, marido y mujer, se entregaban el uno al otro para mayor gloria de Dios y procreación de la prole.

CAPÍTULO IV

DOÑA JUANA, ARCHIDUQUESA DE BORGOÑA

Para contentar a los obispos de Jaén y Malinas, el día 18 de octubre se celebró una ceremonia religiosa en la catedral de Bruselas, con gran aparato, en la que renovaron sus promesas matrimoniales, en latín, por lo que los más de los asistentes entendieron que aquello era la boda, y así consta en los archivos de la ciudad, pero lo cierto es que casaron en el citado monasterio de Lierre en la noche del 12 de octubre.

Al almirante de Castilla, Fadrique Enríquez, viendo tan dichosa a su amada princesa, pronto se le pasó el enojo por no haber contado con él para la ceremonia. El obispo de Jaén lo llevaba peor y dijo, en su momento, que aquélla fue la primera muestra de locura que dio la infortunada hija de los Reyes Católicos.

Los jóvenes soberanos sólo tenían ojos el uno para

Retrato de doña Juana en el que se aprecia la belleza de sus rasgos.

el otro, tan entregados a su amor, que hasta se les olvidaban las razones de estado que motivaron su matrimonio. Juana, ya duquesa de Borgoña, estaba muy lejos de pensar que algún día podría ser reina de España, puesto que la precedían en la sucesión al trono su hermano Juan y su hermana Isabel, más los herederos que uno y otro pudieran tener. ¿Cómo imaginar que en el corto plazo de dos años ambos morirían, sin descendencia, o con descendencia que también se frustraría? Lo único que tenía cierto era la inmensa dicha de estar casada con el más gentil de los príncipes, al que se debía en cuerpo y alma, así como al reino del que ya era soberana.

Este reino era muy diferente del de Castilla, con unas hermosuras desconocidas en aquellas áridas altiplanicies. De aguas no se podía pedir más ya que, por doquier, se cruzaban ríos, arroyos y canales, tan bien distribuidos que la feracidad de sus campos admiraba a quienes tan resignados estaban a las temibles sequías de las estepas mediterráneas. La misma feracidad se mostraba en las familias, todas muy abundantes, de manera que los campos, siempre muy bien atendidos, se ofrecían amenos a la vista, muy poblados de gentes, tan llanos y fáciles de cultivar, que si no fuera por la maldición de las guerras, nunca hubieran sabido sus habitantes lo que era pasar necesidad. Sus vacas eran tan hermosas que tres de Castilla no hacían una de las de Holanda; y en cuanto a las gallinas, las había que ponían hasta dos huevos al día. De ovejas y corderos hacían tan poco aprecio que sólo se servían de ellos por la lana que daban; ésa sí la tenían en estima, por traer fama de ser los mejores tejedores de Europa. En alfombras y tapices no tenían rival y todos los palacios reales se preciaban de lucirlos. Como comerciantes eran también muy señalados, llegando con sus productos a todos los puertos conocidos, y se les daba poco de vender hasta a los turcos, si de ello sacaban provecho. En este punto eran muy poco escrupulosos, provocando en una ocasión el que el embajador del Papa de Roma amenazara de excomunión al gremio de tejedores de Amberes por negociar con los enemigos de la fe.

Cuidó Felipe el Hermoso de que todos sus vasallos conocieran reina de la que se sentía tan orgulloso y con ella viajó durante aquellos dos años de felicidad, por todo Flandes, Amberes, Gante, Brujas, La Haya, Haarlem y Leyden; su residencia más habitual era Gante o Bruselas. Siendo sus habitantes de muy diversa procedencia, pues los había descendientes de celtas y romanos, y también frisones descendientes de sajones, se hablaban no menos de tres idiomas —alemán, francés, flamenco—, además del latín, y la archiduquesa se daba maña para expresarse en uno, o en otro, según la región y las personas, lo cual llenaba de orgullo a su egregio esposo.

Un cronista holandés de la época, Raimundo de Brancafort, que acabaría siéndolo también del emperador Carlos V, escribió cuando se conoció la locura y consiguiente encierro de esta reina:

«No a todos los humanos les ha sido concedida la dicha de la que disfrutó nuestra señora, la duquesa de Borgoña, en sus primeros años de matrimonio en tierras de Flandes. Todos sus súbditos nos mirábamos en ellos y el amor que se tenían el uno al otro se mostraba tan impetuoso y poco recatado, que hasta la Reina Católica hubo de llamar la atención a su hija, sobre este punto, por medio de embajadores. Luego, cuando viajó a Castilla a recibir tan pesada herencia como es un reino mal avenido, se tornó la rueda de su fortuna hasta perder el juicio, como dicen que ahora le ha sucedido. Pero aun así, si de ella dependiera y le ofrecieran el volver a nacer, seguro que diría que sí solo por volver a vivir aquel amor tan subido.»

De este Raimundo de Brancafort se sabe que era también juglar y muy galán, de ahí el énfasis que pone en el amor humano, por efímero que éste pudiera ser. En cuanto a la intervención de la Reina Católica hay que entenderla no tanto en lo que al decoro de su hija se refiere, sino en lo que atañe a su comportamiento religioso, pues habían llegado noticias a España de que la archiduquesa descuidaba sus deberes piadosos, dejando de recibir la sagrada comunión en fiestas de la Virgen, muy señaladas. A tal fin, en el verano del 1498 llegó a Bruselas una embajada de los Reyes Católicos, de la que hacía cabeza el fraile dominico fray Tomás de Matienzo, inquisidor, discípulo de Torquemada, que peor no pudo ser recibida por la archiduquesa de Borgoña, pues tenía ella sus confesores y sólo a ellos debía dar cuenta de su conciencia. Cierto es que estos confesores eran flamencos, más ligeros y de menor doctrina que los españoles, pero no por eso con menos gracia para el sacramento de la confesión.

El primer encuentro entre la soberana y el inquisidor tuvo lugar el día 1 de agosto del citado año y la archiduquesa le trató en todo como a un súbdito, no consintiéndole que se sentara en su presencia, y despidiéndole con voces destempladas. Hay que considerar que doña Juana se encontraba en el sexto mes del embarazo de su primogénito, y con el carácter alterado como les suele suceder a las primerizas. Pero el que fray Tomás de Matienzo fuera inquisidor no quiere decir que no entendiera de cura de almas y con gran paciencia supo ganarse el favor de la soberana, haciéndole reflexiones muy sensatas sobre lo que le convenía. Prueba de ello es que cuando nació su hija Leonor, el 16 de noviembre, fue fray Tomás quien ofició como ministro del sacramento del Bautismo, que se celebró con gran solemnidad como correspondía a la primogénita de tales soberanos.

También tuvo el acierto el fraile dominico de no mezclar su misión espiritual con los negocios de este mundo, que tan preocupado tenían al Rey Católico, a quien sus embajadores habían informado de que el archiduque de Borgoña por nada quería perder su amistad con Francia, con la que lindaba por tantas fronteras que por cualquiera de ellas podían colarse las temibles lanzas francesas. En este punto se mantuvo firme Felipe el Hermoso, tanto frente a su suegro, el rey Fernando, como a su propio padre, el emperador Maximiliano de Austria, ambos concertados contra el francés por la cuenta que les traía. Firme, pero conforme a la costumbre de la época, disimulando sus intereses, procurando contentar de palabra a quienes debía respeto como hijo y como yerno, al tiempo que a espaldas de ellos su embajador, el conde Nassau, concertaba alianzas con el rey de Francia.

Cuidó Felipe el Hermoso de apartar de su mujer a tantos cortesanos como se habían venido con ella de Castilla, pues siendo reina de los flamencos, y no de los castellanos, era natural que fueran los primeros, y no los segundos, quienes atendieran a su soberana y la ilustraran en las costumbres y necesidades de su nuevo reino. La reina Isabel había soñado con una corte muy española para su hija, con nobles de la más alta alcurnia, como don Rodrigo Manrique, mayordomo mayor, don Francisco Luján, caballerizo mayor, y don Martín de Tavera y don Hernando de Quesada, maestresalas, pero todos ellos fueron sustituidos por flamencos, de los que hacía cabeza el príncipe de Chimay, y los nobles españoles tuvieron que regresar a Castilla en navíos mercantes y de fiado. ¡Qué diferencia de la majestad con la que llegaron un año antes en aquella expedición naval que asombró a media Europa!

No parece que estos cambios afectasen demasiado a doña Juana, hecha como estaba a no volver a Castilla, y muy decidida a ser en costumbres y maneras muy del gusto de su regio esposo que, salvado el asunto de la infidelidad conyugal, comenzaban a coincidir con los suyos. En uno de los informes que fray Tomás de Matienzo envió a la Reina Católica le cuenta los progresos que hace la archiduquesa en sus prácticas religiosas, pero advierte a su soberana que:

«No es de pensar que doña Juana vuelva a estar ahormada al parecer de su majestad, como cuando vivía con vuestra majestad, pues ahora se ajusta más a las costumbres de este reino y en no faltando a Dios es de natura que así sea.»

En el asunto de la infidelidad conyugal la costumbre en los matrimonios reales era que cuando llegaban los meses mayores del embarazo se abstuvieran de relaciones carnales, para asegurar su feliz término, y si bien hubo reyes prudentes y temerosos de Dios, que no por ello faltaban el respeto debido al sagrado vínculo matrimonial, los más se permitían licencias contando con la comprensión, y hasta la complicidad, de quienes debían cuidar su alma.

A la Reina Católica mucho le tocó padecer en este punto con su esposo el rey Fernando, pero acertó a disimularlo. No así su hija Juana, que no supo «ahormarse» a la conducta de su madre y reprendió públicamente a su esposo por el desvío que le mostró durante aquellos meses; no que le constara que tuviera amante, sino que no la atendía en el lecho conyugal como le era debido, dándosele poco de que fueran meses mayores o menores. En este punto la reprendió fray Tomás de Matienzo haciéndole ver que una vez que diera a luz las aguas volverían a su cauce, y que tomara ejemplo de su egregia madre, que hasta consintió que fueran educados en la corte los hijos bastardos de su esposo, el rey Fernando. A lo que la archiduquesa replicó que estaría conforme si su marido también lo estaba en tomar ejemplo de su tío, el rey Enrique IV de Castilla, que consintió en que su esposa, la reina, tuviera una hija con don Beltrán de la Cueva, a la que reconoció como propia, pese a que pasó a la historia con el sobrenombre de «la Beltraneja».

En la fiereza de semejante respuesta, impensable en una reina cristiana, se empezaron a columbrar los primeros indicios de lo que acabaría en desvarío, según el parecer de fray Tomás de Matienzo. Pero acertó el fraile en sus buenos consejos y, al poco del nacimiento de la primogénita Leonor, volvieron las aguas a su cauce y de nuevo se mostró el archiduque Felipe como rendido enamorado. Dicen que el esplendor de la belleza en la mujer tiene lugar después de ser madre por vez primera, y en el caso de la reina doña Juana fue esto tan cumplido que no sólo los cortesanos, sino también los extranjeros, se hacían lenguas de tanta hermosura. Contaba diecinueve años y sus formas se habían redondeado, lo que era más del gusto de los flamencos, sin perder por eso la gracia de un talle gentil. El embajador de Venecia escribió a su señor duque:

«Si tuviéramos en Venecia una madona tan bella, al tiempo que candorosa, no necesitarían los pintores otro modelo para representar la armonía del universo. Verla con su hija en brazos, en posición lactante, es lo mismo que imaginar a Nuestra Señora la Virgen con el niño en su regazo.»

No es de extrañar que al embajador veneciano le llamara la atención lo de la posición lactante, puesto que las reinas no acostumbraban a criar a sus hijos a sus pechos, sino que recurrían a nodrizas, no sólo por comodidad, sino por entender los médicos que mediando parentesco entre los cónyuges reales, lo cual era muy frecuente, la leche ajena de mujer robusta, aunque fuera de baja condición, convenía más para la salud del recién nacido. Pero en el caso de doña Juana era tan portentosa su vitalidad —salvado siempre lo que a la mente se refiere— que tuvo que amamantar a sus hijos, por lo menos a los tres mayores, pues era tal la abundancia de su leche que de no darle salida por modo natural, se le hacía insufrible el dolor en sus pechos. Don Felipe se ufanaba de esta condición de su regia esposa y gustaba que las damas de la corte, y hasta algunos caballeros, estuvieran presentes cuando daba el pecho a la infanta Leonor. De esta época es un cuadro de la escuela flamenca, atribuido a un discípulo de Roger Van der Widen, en el que aparece doña Juana luciendo un justillo muy ceñido, de escote generoso, que apenas alcanza a disimular la exuberancia de sus formas. Al mismo pintor se le atribuye un cuadro que, trasladado a Castilla, se tituló el de la *Virgen de la Buena Leche*, que parece haber tomado como modelo a su ilustre soberana.

La ufanía de don Felipe tenía su fundamento, pues aquella salubridad hacía presagiar una buena fecundidad, tan deseada por los monarcas, que veían en los hijos la seguridad de la Corona y la expansión a otros reinos, mediante los consabidos matrimonios reales. En esto no le defraudó doña Juana, que en aquellos tiempos de malos embarazos, peores partos, y muertes prematuras, alcanzó a dar a luz a seis hijos, todos los cuales vivieron y llegaron a ser reyes, aunque esto último no pudo llegar a verlo el archiduque de Borgoña, fallecido en plena juventud. La primogénita, Leonor, fue reina de Portugal y, después de enviudar, también de Francia; Carlos, el primogénito varón, fue rey de España y emperador de Alemania; su hermano Fernando sucedió al anterior como emperador de Alemania; Isabel fue reina de Dinamarca; María, de Bohemia y Hungría, y Catalina, la más joven y la más amada de su madre, como se verá, de Portugal.

Volvieron las aguas a su cauce, como queda dicho, y el entusiasmo amoroso pronto dio nuevos frutos, quedando doña Juana preñada de quien habría de ser, dicen, el hombre más poderoso de la tierra, el emperador Carlos V. Otra virtud, y grande, de esta reina era que durante los embarazos no tenía dengues ni molestia de clase alguna, ni se le alteraba el talle, ni se privaba de montar a caballo, ni de acompañar a su marido en los recreos físicos que estaban a su alcance. También parece que hasta que la gestación no estaba avanzada no daba cuenta de ella a nadie, para que su marido no comenzara con la historia de la abstención durante los meses mayores.

CAPÍTULO V

DOÑA JUANA, HEREDERA DE LA CORONA DE CASTILLA

El 24 de febrero del 1500 nació en Gante el primogénito varón de los archiduques de Borgoña, y pocos meses después, el 22 de julio del mismo año, por fallecimiento de su primo Miguel, unigénito de Isabel, la hermana mayor de doña Juana, se abría la sucesión en España a la casa de Austria, que haría del recién nacido rey de España y emperador de Alemania.

Felipe el Hermoso se apresuró a declararse príncipe de Asturias siguiendo las instrucciones de sus consejeros más principales, el arzobispo de Besançon y Filiberto de Vere, y desde ese momento, como diría el cronista holandés, Raimundo de Brancafort, tornaría la rueda de la fortuna para la que hasta entonces sólo era reina de los borgoñones. Este mismo cronista escribe que:

«Nuestra señora, la Reina, era presa de encontrados sentimientos, pues si bien en todo seguía que-

Retrato de doña Juana, obra del maestro Michel.

riendo dar gusto a su marido y señor, no podía olvidar que estaba llamada a ser reina de Castilla y Aragón y, por tanto, que no sólo había de mirar a los intereses de su nueva patria, sino también a los de los territorios que en su día había de gobernar.»

Desde que se supo que la archiduquesa de Borgoña era heredera de los Reyes Católicos, y se tenía noticia de los inmensos territorios, muy bien provistos de riquezas, que los castellanos estaban descubriendo allende la mar atlántica, aumentó la solicitud de Felipe el Hermoso y al año y pico del nacimiento del príncipe Carlos, el 27 de julio de 1501, la reina daba a luz a una nueva hija, a quien pondrían de nombre Isabel en atención a su abuela materna.

Pero esa solicitud estaba mezclada con la concupiscencia del dinero del que siempre andaban tan precisados los monarcas europeos, para mantener sus ejércitos que, desde la invención de la pólvora, eran siempre mercenarios. Se habían terminado los siglos gloriosos de los caballeros armados que dirimían sus contiendas en singular combate, y las lanzas se habían tornado por cañones y arcabuces, manejados por suizos y alemanes, siempre en filas apretadas.

Lo que pasados los siglos se calificaría de corrupción era moneda corriente en aquellos tiempos, y lo primero que hacían los dignatarios al tomar posesión de cualquier cargo u oficio público era asegurarse cuantas más prebendas mejor, sin mirar que éstas fueran eclesiásticas, reales, u obtenidas con el sudor de los más pobres. Si bien esto en Castilla estaba más disimulado por los buenos principios de la Reina Católica, en Flandes se mostraba de todo punto desaforado, y parecía que cada cortesano llevara un comerciante dentro de sí, dispuesto a vender la Sábana Santa si la ocasión se presentara.

Todavía no era reina de Castilla doña Juana y ya la acosaban sus cortesanos pidiéndole rentas, para cuando lo fuera, y su marido, don Felipe el Hermoso, no se quedó atrás en este punto. Tenía doña Juana una doncella muy querida de ella, de nombre Beatriz de Bobadilla, de noble linaje, pues era hija de los marqueses de Moya, muy agraciada como todas las que fueron a Flandes en compañía de la princesa. Don Felipe el Hermoso, bien en persona, o por mediación de sus vicarios reales, Filiberto de Vere, señor de Berghen, y el arzobispo de Besançon, se había apresurado a concertarles, a las más adineradas de ellas, matrimonios con nobles de su corte, conviniendo que un tercio de la dote de las doncellas había de ir a parar al tesoro real. Pero esta Beatriz de Bobadilla le confesó a su señora, la princesa, que estaba enamorada de un joven castellano, que no le iba a la zaga en lo que a alcurnia se refiere, y le suplicó que la dejara volver a España para casarse con él. No pudo negarse doña Juana, mujer enamorada, a petición tan razonable de otra mujer enamorada, y dio su consentimiento. Cuando se enteró don Felipe montó en cólera, muy azuzado por el señor de Berghen, que había echado el ojo a la Beatriz de Bobadilla para casarla con un sobrino suyo. Pero no cedió doña Juana y su joven doncella casó con quien quiso.

(Cosa curiosa, a su padre, don Fernando el Católico, no le pareció bien esta decisión de su hija, pues el rey aragonés también era de los que se ganaban el favor de la gente mediante dádivas, y por aquellas fechas había mandado a su embajador especial, Gutiérrez Gómez de Fuensalida, para repartir rentas entre los altos oficiales de la corte flamenca a fin de que inclinasen el ánimo del archiduque para que consintiera en enviar a su primogénito Carlos a educar a España, puesto que estaba llamado a ser rey de los españoles. En este punto siempre hubo gran porfía entre el Rey Católico y los Habsburgo, sin que el primero lograra salirse con la suya, y por eso pudo decirse cuando Carlos V entró por vez primera en España que el que venía a gobernar a los españoles era un rey extranjero.)

A raíz del incidente hubo nueva ocasión de alboroto en el matrimonio real, y esta vez cedió la princesa, aunque muy a su pesar. Se encontraba, ya, en el octavo mes del embarazo de la infanta Isabel, y en extremo fatigada ya que el príncipe Carlos había padecido una escarlatina, tan aguda, que hasta temieron por su vida. La princesa se mostró como madre amantísima, velando el lecho del pequeño enfermo, noche y día, sin apenas comer y dormir, dando una vez más muestras de su prodigiosa naturaleza. En éstas, la ciudad de Bruselas, que se traía grandes piques con la de Gante, ofreció a su soberano cinco mil florines, en oro, si su regia esposa daba a luz en su ciudad, sólo por poder alardear de ello. Don Felipe accedió en el acto y doña Juana se resistió a tan penoso viaje, aunque terminó por consentir, pero admirada de que su esposo tuviera en más cinco mil florines que el buen fin del embarazo. Como ambos incidentes vinieron uno detrás del otro, la princesa comentó que como futura reina de España se debía a sus vasallos, en clara referencia a Beatriz de Bobadilla, pero como esposa debía estar sujeta a su marido y si éste quería que su hijo naciera en Bruselas, a ella sólo le tocaba obedecer. Con motivo de este viaje el embajador Gómez de Fuensalida escribió a los reyes de España, loando la conducta de su hija, y augurando un feliz reinado a quien tan buen juicio había demostrado tener, por lo que no parece que el embajador de su majestad católica gozara del don de profecía.

El 27 de julio del 1501 nacía en Bruselas la infanta Isabel, y en otoño de aquel mismo año los archiduques emprendían viaje hacia España para ser reconocidos por las Cortes como herederos de la corona de Castilla y Aragón. En este viaje estaban muy empeñados los Reyes Católicos, no sólo por el reconocimiento, sino también porque quienes estaban llamados a ser reyes de España debían conocer el país que habían de gobernar. A eso se añade que la Reina Católica seguía muy disgustada con las noticias que le llegaban sobre las licenciosas costumbres de la corte flamenca, tanto en lo que a la moral se refiere, como al tráfico de oficios y beneficios con desdoro de la Corona y de la Iglesia. Sin embargo, en tanto tenía este viaje que ella misma consintió en aquel tráfico como único remedio para vencer la resistencia de los consejeros del archiduque. Éstos se resistían, porque si bien estaban conformes en que sus soberanos lo fueran también de España, no veían la necesidad de emprender tan largo y peligroso viaje, cuando había otros medios para que las Cortes españolas les prestasen el juramento preceptivo.

El arzobispo de Besançon cambió de parecer en cuanto que el Rey Católico le ofreció el obispado de Coria, muy rico en beneficios eclesiásticos, y lo mismo le ocurrió al otro consejero principal, Filiberto de Vere, del que lo único que consta es «que recibió dádivas suficientes y muy de su agrado». Cambiar de parecer los dos consejeros, y hacer lo mismo Felipe el Hermoso fue todo uno. Por su cuenta el archiduque obtuvo el siguiente beneficio: se encontraban fondeadas en el puerto de Brujas seis cocas vizcaínas, cargadas de lana, y dijo al embajador Gómez de Fuensalida que las precisaba para emprender el viaje a España. Eran estas embarcaciones de buena capacidad, pero muy rústicas, como correspondía a su condición de mercantes, por lo que se admiró el embajador de que tales realezas fueran a viajar en ellas. No obstante, como buen diplomático, nada objetó, y los funcionarios de Felipe se encargaron de descargar la lana, para arreglar las naves, y el único arreglo fue que tanto la lana como las embarcaciones las vendieron por cuenta del tesoro real. La explicación que recibió el embajador Gómez de Fuensalida fue que estando el invierno próximo era más seguro viajar por tierra que aventurarse en las procelosas aguas del mar del Norte; esto le pesó más al embajador que las cocas que le birlaron, pues viajar por tierra era tanto como decir que iba a ser huésped de los franceses, cuyas tierras había de atravesar. Y si algo temían sus Majestades Católicas, los reyes de España, eran los arreglos que se pudieran traer los monarcas de Borgoña y de Francia a sus espaldas.

Razón no les faltaba, pues si don Fernando el Católico andaba siempre con el pío de su reino de Nápoles, que se lo disputaba el rey de Francia, don Felipe el Hermoso decía tener más altas miras y quería la concordia de toda Europa, la cual se conseguiría cuando se restableciera el imperio de Carlomagno en la persona de su hijo primogénito, caso de que éste casara con una princesa de Francia. De ahí la ilusión que tenía puesta en este viaje, ya que al tiempo que se confirmarían en su condición de herederos del reino de

España, trataría de concertar el matrimonio de su hijo Carlos con Claudia, hija del rey de Francia, como así fue. Con lo cual toda Europa, desde Gibraltar hasta los países del norte, estaría bajo una misma corona.

Doña Juana escuchaba con gusto a su esposo, que tanto miraba por el futuro de su hijo primogénito, pero advirtiéndole que por nada de este mundo quisiera engañar a su regio padre, pues bien claro tachaban las Sagradas Escrituras de mal nacido al hijo que no supiera corresponder al desvelo de sus padres. Por esta cuestión comenzaron algunas discusiones entre el matrimonio, sobre todo porque doña Juana quería llevarse consigo, en aquel viaje, a su hijo Carlos, a lo que Felipe se opuso, siempre temeroso de que los Reyes Católicos lo retuvieran y lo educaran más para ser rey de los españoles, que de flamencos y alemanes. Pero siendo doña Juana mujer apasionada y enamorada acababa por ceder ante los halagos y caricias de su esposo. Cedía siempre que no anduviera por medio el honor de Castilla, como se verá por el incidente del castillo de Blois.

El viaje comenzó en el mes de noviembre del 1501 con tal aparato y alarde de grandezas, que no desmerecía de la magna expedición naval que cinco años antes llevara a la princesa al reino de Flandes. Baste considerar que sólo para transportar el equipaje real fueron precisos cien carros de los de vara larga, algunos hasta con seis ruedas, y todos cubiertos de telas enceradas. Si a esto se unen los carros que transportaban los equipajes de la corte, más los carruajes de los nobles, la tropa de a caballo y de a pie, y las carrozas reales que eran cinco, se comprenderá que más parecía un ejército en marcha que un cortejo de paz.

Luis XII, que en tanto tenía la amistad y buenas relaciones con los borgoñones, y lo mucho que esperaba de las alianzas que se estaban concertando en las personas de sus hijos, dispuso que Felipe el Hermoso fuera recibido como monarca y árbitro de la paz europea. El viaje, que podía haberse hecho en un mes, duró más de dos, pues allí por donde pasaba el cortejo no faltaban los tedéums, festejos y torneos a los que tan aficionado era el archiduque. A tanto llegó la cosa que el rey francés concedió a don Felipe el privilegio de indultar a condenados a prisión, como si fuera el mismo Papa de Roma.

A la altura de Chartres, ya entrado el mes de diciembre, les cogió una nevada de tales proporciones que parecía que con aquella pesada impedimenta no habían de poder salir de allí en mucho tiempo. Pero el rey Luis, que les aguardaba en su castillo de Blois, el más hermoso de toda Francia, a la sazón, dijo que su impaciencia por estrechar entre sus brazos a príncipes tan queridos no consentía más demora, y ordenó movilizar a todas las gentes de la región para que, si preciso fuera, se trajeran los carros en andas. Mandó también herreros que, con grandes calderos de carbones encendidos, fueran desparramándolos por los caminos para derretir la nieve.

Así consiguieron alcanzar el castillo de Blois en lo más crudo del invierno, donde fueron recibidos con una calidez que hizo olvidar a los archiduques las penalidades del viaje. Calideces y cortesía no faltaron por parte de Luis XII, pero cuidando de que Felipe no olvidara que por parte de su madre era un francés y, como tal, podía ser considerado súbdito del cristianísimo rey de los galos. Durante los primeros días de su estancia en tan hermoso lugar se sucedieron las fiestas y agasajos, y doña Juana, que seguía conservando aquella hermosura sin parangón en las cortes europeas, tuvo ocasión de lucimiento bailando las danzas castellanas, apenas conocidas por aquellos pagos.

Pero llegó el domingo en el que hubo tedéum de acción de gracias por el feliz encuentro, seguido de misa muy solemne, y en el momento del ofertorio la reina de Francia hizo llegar a doña Juana, por medio de un paje, una monedita de oro para que la echara en la bandeja de las ofrendas; otro tanto había hecho el rey, con don Felipe el Hermoso, siguiendo la costumbre de los Valois de distinguir a sus nobles, permitiéndoles que hicieran la ofrenda por ellos. Don Felipe accedió y echó la monedita, mas no así doña Juana, que sin recato alguno miró la moneda por una y otra cara, y como si se le hiciera poco, o no le satisficiera la efigie en ella acuñada, se la devolvió al paje, se quitó uno de sus zarcillos engarzado en piedras preciosas y lo puso en la bandeja de las ofrendas. Todo esto lo hizo con pausa y majestad para que quedara constancia de que quien estaba llamada a ser reina de España no podía ser tributaria de nadie, ni siquiera en la casa del Señor.

La esposa del rey de Francia, a la sazón Ana de Bretaña, que ya había estado casada con Carlos VIII, antecesor de su marido, y que por tanto era una reina muy bregada y acostumbrada a mandar, tan a mal tomó el gesto de la princesa que no la quiso esperar a la salida de la misa, y desde aquel día evitó el encontrarse con ella. Por contra, a don Felipe el Hermoso, pasado el primer enfado, le agradó la dignidad de la que hizo gala su esposa, y su única preocupación fue recuperar la joya para que no quedasen desparejados pendientes de tanto valor. Mandó rescatarlo del capellán real, mediante compensación en doblones de oro de Castilla, y se lo hizo llegar con una tarjeta amorosa a doña Juana. Ésta dijo que no podía recibir con más gusto tal presente, viniendo de quien venía, pero que aceptarlo sería tanto como privar al Señor de lo que ya era suyo; y para que no apenase su adorado esposo porque los zarcillos quedasen desparejados, ordenó que se entregaran los dos al capellán real. Éste era un abate franciscano, muy devoto de la Virgen quien, conmovido por la generosidad de la princesa, dispuso que se engarzasen en la corona de una imagen de Nuestra Señora, venerada en la región del Vendôme de la que era oriundo; posteriormente fue trasladada a la catedral de Chartres, en la que recibió culto bajo la advocación de Nuestra Señora de las Lágrimas, hasta que desapareció con ocasión de la Revolución francesa.

El 20 de enero del 1502, festividad de San Sebastián, hicieron su entrada en España, por Fuenterrabía, los archiduques de Borgoña, con mal pie por lo que a don Felipe se refiere por razones que cronistas pudorosos tratan de disimular.

Cierto que el cambio entre la dulce Francia y las montuosidades del País Vasco, y más tarde las asperezas de Castilla, no fue del agrado de los flamencos, que se admiraban del aire adusto de los que salían a recibirles, tan comedidos en sus manifestaciones de regocijo ante sus futuros soberanos; pero el verdadero mal fue que a la altura de Bayona tuvieron que abandonar carros y carruajes, que con tanta impedimenta no podían atravesar los tortuosos pasos de la frontera, y hubieron de montar sobre mulas y acémilas navarras, con tan mala fortuna que a don Felipe le dio un fuerte ataque de hemorroides que le hacía cabalgar en un ¡ay! Siendo jinete avezado y muy sufrido para el ejercicio físico, no quiso admitir su mal hasta que estaba muy avanzado y difícil remedio tenía. El cronista holandés, Raimundo de Brancafort, comenta lacónico:

«Nuestro señor, el archiduque don Felipe, entró en tierras de Castilla y Aragón con lágrimas en los ojos, y no por lo que dejaba a sus espaldas, o por lo que tenía frente a sí, sino por un mal del que ni las testas coronadas están dispensadas.»

Por tal motivo, en un pueblecito de Guipúzcoa hubo de detenerse la comitiva durante casi una semana y personas tan nobles como las que iban en ella hasta llegaron a pasar hambre, pues no había forma de encontrar alimentos para tanta gente en lugar donde no eran esperados. Mucho admiró a los flamencos el que vascones y castellanos comieran sólo una vez al día, y no todos los días, y los más sin mucho fundamento, cuando en sus países no se hacían con menos de cuatro o cinco comidas por jornada. Algunos nobles tentaron de volverse por donde habían venido, pero les disuadió el arzobispo de Besançon, no sólo por respeto a los archiduques, sino también por las sinecuras que les esperaban, ya que había duques en Castilla que entre lo propio y lo que comenzaba a llegar de las nuevas Indias alcanzaban rentas que superaban los doscientos mil florines al año.

Por su parte, doña Juana dio nuevas muestras de su carácter decidido y dijo que de allí no habían de moverse, por mucha que fuera la necesidad, mientras su regio esposo no pudiera cabalgar con la gallardía que requería su dignidad. (Esto lo decía porque en las últimas jornadas había tenido que cabalgar a lo amazona, y no en horcajadas.) No consentía que nadie que no fuera ella misma, con sus propias manos, le curase de su mal con un ungüento que le facilitaban los cirujanos reales, aunque poco le aliviaba. A su vez, el archiduque sólo encontraba consuelo, en su desconsuelo, con los cuidados de su esposa, y en aquella contrariedad, una vez más, marido y mujer parecían los jóvenes enamorados que tanta admiración producían en el pueblo llano.

Según el cronista Raimundo de Brancafort eran unos tumorcillos que, al tiempo que dañaban la parte afectada, trastornaban el carácter de quien los padecía, hasta el extremo de hacerle desear la muerte. En éstas tuvo noticia la princesa, por una mujer del pueblo, de que no lejos de allí había un curandero al que llamaban *Aita Sorgin*, que en su habla quiere decir padre de los brujos, que se daba mucha maña en curar toda clase de dolencias, en especial las más vergonzosas. La princesa le hizo llamar en contra del parecer de los médicos y hasta de su capellán, que le advertía que en habiendo brujos por medio, el diablo no andaría muy lejos; a esto le replicó doña Juana que nunca se había oído decir, ni en ninguna parte de las Escrituras estaba escrito, que el demonio se interesara por partes tan viles del cuerpo humano. De este *Aita Sorgin* se decía que tenía el don de la clarividencia, y que con sólo mirar la cara del enfermo sabía cuál era su mal. Hicieron la prueba con el archiduque y acertó a la primera y a continuación con el remedio que, además de hierbas, fueron unos lavados que le hizo él con sus propias manos.

Al sentirse curado en apenas veinticuatro horas, el archiduque, que no cabía en sí de alegría, le hizo venir a su presencia dispuesto poco menos que a concederle el título de cirujano real. Cuando le preguntó qué es lo que deseaba, el hombre le contestó que se fueran de allí cuanto antes, pues de seguir otra semana terminarían de arruinar al pueblo. Esta respuesta enturbió la alegría de don Felipe, pues le parecía que por boca de hombre tan sabio hablaban muchas gentes de aquel extraño país, que no le querían entre ellas.

Aliviado de su mal, pero con el ánimo confuso, ordenó reemprender la marcha el archiduque y dieron vista a la ciudad de Burgos mediado el mes de febrero del 1502. De ahí en adelante todo fueron recepciones solemnes allá por donde pasaban, siempre con tedéums y festejos, y hasta corridas de toros, que fueron muy del gusto de don Felipe, que tuvo ocasión de lucirse alanceando un toro, y más hubiera hecho si no fuera porque su real esposa no le consentía que pusiera en riesgo su vida.

Con todo esto se iba confortando el ánimo de don Felipe, y congraciándose con los españoles cuando, como una premonición de lo que habría de ocurrirle en su siguiente viaje a España, cayó de nuevo enfermo, en esta ocasión de más cuidado, pues contrajo un sarampión en Olías, cerca de Illescas, que por ser dolencia impropia de su edad, resultó más grave. Doña Juana mandó mensajeros, a uña de caballo, para que trajesen al *Aita Sorgin* del villorrio vascongado, pero no le pudieron hallar ya que dicen que oír hablar de correos reales que iban en su busca y desaparecer, todo fue uno. Estuvo una semana con fiebres muy altas que hicieron temer por su vida, y el Rey Católico, que les aguardaba en la ciudad de Toledo, donde había reunido a las Cortes que habían de prestarles juramento, viajó hasta Olías como muestra de solicitud hacia un yerno a quien todavía no conocía. En este punto el cronista Raimundo de Brancafort hace la siguiente reflexión:

«Su Majestad Católica supo mostrarse muy compungido con aquel mal que aquejaba a don Felipe, como corresponde a un príncipe cristiano, lo que habla en su favor, pues más le iba que se lo llevara el Señor a su seno, ya que así doña Juana se hubiera quedado de regenta de los Países Bajos, en nombre de su hijo don Carlos, a quien los Reyes Católicos hubieran podido educar a su conveniencia.»

Sanó don Felipe y, por fin, las Cortes castellanas juraron el 22 de mayo del 1502 a los archiduques de Borgoña como herederos del trono y sucesores de Isabel la Católica; a don Felipe, por ser extranjero, le tocó a su vez jurar a las Cortes que había de respetar los fueros, costumbres y privilegios de Castilla. Lo hizo con gusto pues era mucho lo que ganaba con ello. Pero no tanto como para quedarse a vivir en España, como era la intención de sus regios suegros, y por ahí comenzaron los piques entre unos y otros, y quién sabe si no fue por esa trocha por donde le entró la locura a doña Juana.

La princesa heredera más ufana no podía estar; a su marido le tenía muy sujeto, pues al no conocer la lengua castellana, y valerse mal del latín, en todo dependía de ella para comunicarse con los reyes y los nobles castellanos. A eso se unía el que, de nuevo, se encontraba en estado de buena esperanza, en esta ocasión del infante don Fernando, que con el tiempo llegaría a ser emperador de Alemania, y tan insólita fecundidad en un enlace real se entendía como bendición muy señalada del cielo. No podía caber mayor dicha para una reina joven y enamorada.

Una vez más dio muestras de su privilegiada salud y, pese al embarazo ya bastante avanzado, viajó para atender a las obligaciones propias de una princesa heredera de Castilla y Aragón, bien en carruaje, bien a lomos de mula cuando los caminos estaban poco transitables, lo cual ocurrió con frecuencia en aquel año de gracia, pero que para España lo fue de desgracias, pues llovió y nevó a destiempo, esquilmando los campos y anegando las cosechas. Pero la princesa cumplió y hasta presidió Cortes en Aragón, que se mostraban más reacias a admitir como príncipe heredero a un extranjero; pero al fin se logró con algunas condiciones que no son del caso.

Cuenta el cronista Raimundo de Brancafort que si bien el suegro y el yerno se trataban con gran deferencia, ambos se miraban con un punto de desconfianza, ya que el Rey Católico tenía a don Felipe por un mal yerno por no querer quedarse a vivir en España y traerse a sus hijos consigo. Que don Felipe añoraba Flandes parece ser cierto y no se recataba de reconocerlo, por entender que los negocios que allí le aguardaban eran más importantes que los de España, amén de que éstos estaban muy bien cuidados por reyes tan excelsos como doña Isabel y don Fernando. Y en esto no le faltaba razón. En cualquier caso, si mal yerno era por no quedarse en España, mal hijo hubiera sido para su padre, el emperador Maximiliano, si no retornara a los Países Bajos para cuidar de los intereses de flamencos y alemanes. Bien es cierto que, estando Francia por medio, según soplaran los vientos, lo que convenía a unos no convenía a los otros. Y aquel año soplaron del aquilón para los Reyes Católicos, pues la cosecha fue tan mala por las razones dichas que la sombra del hambre se cernió sobre la Península; a eso se añadía el quebranto económico por los gastos de guerra, en Italia, que aumentaban de día en día para evitar el repliegue de las tropas del Gran Capitán ante la superioridad de las lanzas francesas; y, por último, la deseada alianza con Inglaterra había quedado en suspenso como consecuencia del prematuro fallecimiento del príncipe de Gales, Arturo, casado con la excelsa Catalina de Aragón. Habrían de pasar muchos años para que se reanudase la alianza mediante el nuevo matrimonio de Catalina con Enrique VIII, que la historia nos enseña que ojalá no se hubieran casado nunca, por el gran daño que se derivó para toda la cristiandad.

Un acontecimiento luctuoso, del que apenas hacen mención los cronistas de la época, influyó en la firme decisión del archiduque de volver a Flandes. Se atribuye a don Felipe una cierta abulia para los negocios de estado, ya que consentía que fueran sus consejeros los que decidieran por él, lo cual no es mala virtud en un monarca si tiene acierto en elegir a los que deben de aconsejarle. En el caso de don Felipe los dos más señalados fueron los ya citados arzobispo de Besançon y el señor don Filiberto de Vere. El primero había venido a España muy gozoso para hacerse cargo del obispado de Coria que le concediera el Rey Católico, no porque pensara atender la sede, sino por sus rentas y beneficios eclesiásticos, que eran cuantiosos. Pero salvada esta obsesión por las sinecuras, de las que pocos se salvaban, en lo demás era hombre de buena doctrina y prudente consejo, y don Felipe hizo cosas buenas por su orientación. Como hombre consagrado a Dios cuidaba mucho de no participar en tercerías que facilitaran la pasión carnal de su señor y, siempre que estaba en su mano, se oponía y le hacía ver cómo debía respetar el sagrado vínculo del matrimonio, espejo en el que debían mirarse sus súbditos.

Pero quiso el destino que encontrándose a las puertas de Coria le entrara un mal de corazón y muriera sin llegar a conocer la sede por la que tanto había suspirado. Cuenta Raimundo de Brancafort que, tomando conciencia de que estaba en las últimas, se encomendó con mucha devoción a dom Íñigo Navarrón, primer prelado de la diócesis de Coria-Cáceres, famoso por su santidad, y dijo:

«Si me hubiera acercado a esta sede con el desprendimiento de aquel santo varón, no habría ahora de purgar tanto como he de hacerlo en la otra vida, siempre salvada la misericordia de Dios, que no me reserve una suerte aún peor.»

Fallecido el arzobispo quedó como único y omnímodo consejero Filiberto de Vere, señor de Berghen, que no tenía más escrúpulos que estar a bien con el rey de Francia y de él se decía que era «más francés que los propios franceses». De tercerías y otras malicias se le daba poco con tal de tener contento a su señor, al tiempo que se contentaba él pues también era hombre dado a pasiones carnales.

Lo primero que dispuso fue que los negocios de Flandes no podían esperar más y que debían de emprender viaje, de inmediato, pero atravesando Francia, para cerrar el trato sobre el matrimonio entre el futuro Carlos V y la princesa Claudia de Francia. En esto no puso dificultades el propio Rey Católico, pensando que de ese compromiso habría de obtener alguna ventaja, que buena falta le hacía, ya que las cosas en Italia no le iban bien y por la parte del Rosellón un ejército francés se disponía a atacar Cataluña.

Tratado hubo en Lyon entre el rey de Francia y don Felipe el Hermoso, pero pese a lo mucho que se concertaron sobre la boda entre los príncipes y consiguientes acuerdos de paz, la historia nos muestra que ni Carlos casó con Claudia, ni Claudia con Carlos, y que las guerras no por eso cesaron. El cronista contemporáneo saca la impresión de que los reyes, según firmaban el acuerdo comenzaban a discurrir sobre cómo incumplirlo.

CAPÍTULO VI

DOÑA JUANA, PRISIONERA DE CASTILLA

El 19 de diciembre del 1502 don Felipe el Hermoso atravesó la frontera francesa dejando a su esposa a dos meses de dar a luz. Fue una despedida tormentosa, según testigos de presente; el archiduque razonó a la princesa que en tan avanzado estado de gestación no convenía que emprendiera un largo viaje, a lo que doña Juana le replicó:

«¿Cómo así? No teníais tantos cuidados para con mi persona cuando me hicisteis viajar en el último mes del embarazo, de Gante a Bruselas, sólo por lucrar cinco mil florines. ¿Cuál es el precio por el que me tenga que quedar aquí?».

El precio era que los Reyes Católicos, que a tan mal llevaban el que los príncipes herederos no quisieran quedarse en España, de ningún modo habían de consentir que su hija pudiera dar a luz en territorio francés, por entender que donde nace un hombre allí tiene

Supuesto retrato de doña Juana, atribuido a Juan de Flandes.

sus raíces, y por nada querían que las de su nieto fueran francesas. Tal era el empeño de sus Majestades Católicas en retener en Castilla a los archiduques, que don Felipe se temía que habían de hacerlo por la fuerza si se empeñaba en llevar consigo a su esposa. De ahí que recibiera con rubor el reproche de su regia esposa, pero en cuanto pudo tomó el camino de Francia por la frontera del Rosellón.

La locura no se hereda, dicen, pero sí las disposiciones para padecerla. Cuando doña Juana comenzó con estos desvaríos, pues desvarío era afear en público la conducta de su esposo y señor, no fueron pocos los que recordaran que su abuela, doña Isabel de Portugal, también había sufrido de este mal, pero nadie tomó medidas para que tales disposiciones no se fueran por el mal camino.

La Reina Católica ya comenzaba a padecer fiebres, preludio de una enfermedad que acabaría con su vida un año después. Y bien fuera porque previese su próximo fin, y deseara instruir como reina a la que estaba llamada a sucederle, bien porque su amor de madre se lo demandara, se valió de toda clase de argucias para retener en Castilla a su desventurada hija, y en eso parece que no acertó, pues lo único que consiguió fue que aquellas disposiciones larvadas para la locura se manifestaran en todo su rigor en la trágica noche del 10 de noviembre del 1503 en el castillo de la Mota, de Medina del Campo.

Con la soltura en ella habitual, doña Juana había dado a luz al futuro emperador, Fernando de Alemania, el 10 de marzo del 1503; era su segundo hijo varón, y el primero que nacía en España, por lo que el acontecimiento se festejó como se merecía. Pero se restableció con la celeridad acostumbrada y mostró deseos vehementes de regresar a Flandes para reunirse con su esposo y los tres hijos que habían quedado allí. Por mor de la leyenda de su «locura de amor», a los cronistas les dio por decir que su único pío era que no podía vivir sin los amores de su marido, y si bien es cierto que hay sobradas pruebas de que fue mujer en extremo apasionada, no lo es menos que también fue madre amorosa y cualquier mujer, en sus circunstancias, hubiera deseado lo mismo. Cierto, también, que era heredera de las coronas de Castilla y Aragón, pero se lo fiaban muy largo pues nada hacía suponer que por unas fiebrecillas habría de morir la reina, su madre, en tan breve plazo.

Admira que reina tan católica, como doña Isabel de Castilla, pusiera tanto empeño en separar lo que Dios había unido, dificultando el regreso de doña Juana junto a su esposo, aunque en este punto se entiende que más culpa tuvo don Fernando, que no podía consentir que a un tiempo estuvieran en tierras de su mayor enemigo, el rey francés, los dos herederos del reino con el peligro de que fueran tomados como rehenes. Esto lo decía porque don Felipe seguía por Lyon, negociando el famoso enlace real, y no se consideraba prudente que la princesa viajase por mar, por pronosticar los marineros vizcaínos que aquella primavera, según la luna, le tocaba estar muy arbolada.

La reina Isabel prometió a su hija que en cuanto llegaran las calmas del verano se organizaría el viaje por mar, pero llegó el verano y como la princesa no viera preparativo alguno para su viaje, sino sólo dilaciones, montó en cólera y a causa de ella, según los médicos reales, le entraron unas calenturas, y como único remedio se les ocurrió mandarla a tierras más frescas. Esto sucedía en Alcalá de Henares y madre e hija tuvieron un altercado de buenas proporciones y ahí fue cuando comenzaron a tacharla de loca, pues era impensable que estando en su sano juicio se atreviera a discutir lo que por su bien disponía la más sabia de las reinas.

Estos médicos reales eran los doctores Soto y De Juan quienes, si bien cuidaban de la salud de la princesa, más les preocupaba la de su madre, que ya declinaba, y a la que a raíz del altercado de Alcalá de Henares se le recrudecieron aquellas fiebres de mal agüero. Para evitar nuevos encuentros tormentosos entre madre e hija, aconsejaron que les convenía vivir separadas, y aquí sí que parece que medió engaño, pues el remedio fue confinar a la princesa en el castillo de la Mota, de Medina del Campo.

Como doña Juana dijera que no había de moverse de Alcalá de Henares, si no era para tomar el camino de Francia tras de su esposo, la Reina Católica hizo como que accedía y hasta mandó preparar todo el equipaje real que, en carros, tomó el camino de Fuenterrabía, por Burgos. Pero a la princesa se la llevaron de primeras a Segovia, como si fuera la etapa inicial del viaje, para ver si las frescuras de tan privilegiada ciudad le aliviaban el seso. Pero de nada sirvió, pues según pasaba el tiempo más se encrespaba el ánimo de doña Juana, y menos razón encontraba en tantas dilaciones. De allí se la llevaron al citado castillo de la Mota, prometiéndole que en cuanto hubiera tregua entre Francia y España, le organizarían el viaje por tierra, pues el verano se había pasado y con él las posibilidades de trasladarse por mar.

Como ya se ha anticipado, tregua hubo, que se firmó en los primeros días del mes de noviembre del 1503, pero cuidaron de ocultárselo a la princesa, y ahí sí que se equivocaron los que bien la querían, pero no acertaban en lo que le convenía. Había dispuesto la Reina Católica (que siguiendo el consejo de los doctores se había quedado en Segovia) que estuviera doña Juana muy atendida en todo, pero cuidando de que no le dieran noticias que la pudieran alterar, sin caer en la cuenta de que lo que más la alteraba era, precisamente, la falta de noticias, y el que la trataran como a una niña que no podía valerse por sí misma. ¿Cómo no había de alterarse, y hasta perder el juicio, si así era tratada quien venía de Flandes como reina, en todo obedecida y respetada, como correspondía a su majestad? Por contra, en Castilla seguía siendo tan sólo una princesa muy sujeta a la voluntad de una madre excelsa, pero autoritaria, que deseaba ahormarla a su gusto, para que pudiera sucederle en el trono en su día.

Pero doña Juana acabó por enterarse de lo de la tregua y fue cuando se desató en ella una cólera, con todos los visos de una locura que hasta entonces se había mantenido soterrada. Fue aquel mes de noviembre muy triste y lluvioso, sin otro entretenimiento para la princesa en el austero castillo de la Mota que los oficios religiosos que, por ser de difuntos como corresponde al mes de noviembre, la sumieron en una melancolía que la tenía postrada, durmiendo mal y comiendo peor.

Estas noticias llegaban a la corte, en Segovia, en la que se encontraba aquella doña Beatriz de Bobadilla, la que fuera doncella de la princesa en Flandes, y que tan agradecida le estaba por haberle permitido casar con quien quería, y no con un sobrino de Filiberto de Vere, como pretendía Felipe el Hermoso.

Esta dama, no pudiendo soportar la tristeza de señora a la que tanto debía, se trasladó por su cuenta al castillo de la Mota y puso al corriente a doña Juana de lo que sucedía y cómo estaba ya expedito el camino de Flandes, a través de Francia. Oírlo y dar un brinco todo fue uno y con la autoridad que le confería su condición de archiduquesa y soberana de Borgoña, dio órdenes por medio de correos para que los carros que con su equipaje esperaban en Fuenterrabía atravesaran la frontera. Y al mismo tiempo ordenó a sus criados y despenseros que empaquetasen sus enseres personales para partir al día siguiente.

Las órdenes en parte se cumplieron, y en parte no, pues muchos de los criados sabiendo que aquello no sería del gusto de la Reina Católica se mostraron remisos y ahí es cuando la princesa, tomando una fusta, azotó a algunos de ellos, lo cual tampoco era desusado en aquellos tiempos, entre señores y criados. Pero pronto llegó la noticia a Segovia, que distaba del castillo no más de cincuenta leguas, y la Reina Católica, que se hallaba postrada por las fiebres, comenzó a mandar a sus más altos dignatarios para que hicieran entrar en razón a la princesa. Primero envió a don Juan Rodríguez de Fonseca, obispo de Córdoba, que decían que tenía ascendiente sobre ella, pero de nada sirvió y lo mismo ocurrió con los siguientes enviados, entre ellos nada menos que el propio arzobispo de Toledo, el cardenal Jiménez de Cisneros. Difícilmente podían hacer entrar en razón a quien tenía la razón de querer reunirse con su esposo y sus hijos, aunque la defendiera con tan malos modos.

Viendo que «no entraba en razones», el obispo de Córdoba ordenó que sacasen del castillo todos los carruajes y caballerías, para que no pudiera servirse de ellos la enfurecida princesa. Ésta pareció calmarse, pero en lugar de amilanarse, le dijo al ilustre prelado:

«Si su majestad la Reina Católica no quiere que disponga de caballerías que no me pertenecen, está en su derecho; pero en mi persona no manda, pues si ella es reina de Castilla, yo lo soy de Flandes y de Borgoña, y aunque como hija me gustaría poder obedecerla en todo, como esposa me debo a mi rey y señor, y en su busca voy, aunque sea andando.»

Y dicho y hecho, y después de acicalarse como corresponde a una reina, más bien ligera de ropas para la estación, se encaminó hacia la poterna de salida, siendo tal la majestad de su figura, que nadie se atrevió a detenerla. Iba la tarde de caída, muy fría, y al obispo Fonseca se le ocurrió ordenar a la tropa que cerrase todas las barbacanas del castillo para que la princesa no pudiera salir al campo abierto. Era este Juan Rodríguez de Fonseca hombre de talento poco común para urdir intrigas en favor de sus señores naturales, los Reyes Católicos, quienes le pagaron nombrándole presidente del Consejo de Indias, llegando a ser tan poderoso que se decía que su fortuna, por el negocio de las encomiendas allende los mares, llegó a superar a la de los Medinasidonia.

En esta intriga no estuvo acertado, pues una vez que la princesa había tomado la decisión de partir, su dignidad no le permitía darse la vuelta a la vista de los que estaban llamados a ser sus vasallos. Esto sucedía el 8 de noviembre del 1503, que cuentan que fue la noche más fría de aquel invierno, y cuando doña Juana se encontró las barbacanas cerradas se quedó en una de ellas, la que miraba hacia Francia, y no consintió en moverse de allí en toda la noche y todo el día siguiente. Hierática y con la mirada perdida, pero sin ceder en un ápice de su dignidad, nadie se atrevió a ponerle la mano encima y, pese a las súplicas de la Beatriz de

Bobadilla, no consintió ni siquiera en echarse una manta sobre los hombros. Con lo cual una vez más dio pruebas de su portentosa salud, pues los hielos de aquella noche eran como cuchillos para pulmones menos recios que los de aquella excepcional mujer.

Al segundo día accedió a retirarse de la barbacana, pero dijo que si no se le permitía usar de carros y caballerías, porque no eran suyos, tampoco le pertenecía aquel castillo y, por tanto, se quedó en un chamizo del cuerpo de guardia, con la sola compañía de Beatriz de Bobadilla, única persona a la que soportaba. Esta fidelísima dama recibió su castigo por entrometerse en los negocios reales, y fue desterrada de Castilla en compañía de su esposo, y de un hijo que ya tenían, pero con tanta fortuna que eligieron el otro lado del océano Atlántico para cumplir el castigo, siendo su marido uno de los que participó en la conquista de México, a las órdenes de Hernán Cortés, y llegó a ser virrey de las tierras descubiertas al sur de la Baja California.

La Reina Católica, contra la expresa prohibición de los médicos de cámara, emprendió el camino de Medina del Campo («en jornadas tan prietas que en nada convenían para mi apurada salud», como escribiría más tarde la misma reina al embajador Gómez de Fuensalida), para encontrarse con el cuadro más patético que imaginar pueda una madre.

Su hija más querida, la que estaba llamada a sucederla, calentándose en el mísero fuego de un chamizo del cuerpo de guardia, sucia y desarreglada como corresponde a quien ha descuidado su persona durante más de tres días. Los ojos duros, sin lágrimas, y la cerviz alzada como quien está más dispuesto a pedir cuentas que a rendirlas.

De lo que ocurriera en aquel amargo encuentro se sabe, con fundamento, lo que escribió la Reina Católica a su embajador en los Países Bajos, Gómez de Fuensalida, lamentándose de que su hija le habló «tan reciamente, con palabras de tanto desacato, y tan fuera de lo que una hija debe decir a su madre, que si yo no viera el estado en el que se encontraba, no se las sufriera de ninguna manera».

Y, sin tanto fundamento, se sabe también, quizá por la citada Beatriz de Bobadilla, que ciertamente no le habló como una hija a su madre, sino como una soberana a otra, y vino a decirle a su Majestad Católica que por haber consentido que su marido, el rey don Fernando, anduviera de un lado para otro, tenía ahora que soportar el que sus hijos bastardos se educaran en la corte y que ella no estaba dispuesta a que le ocurriera otro tanto, dejando a su regio esposo a su aire pues «el buey suelto bien se lame». Con lo cual la princesa no sólo agravió a su excelsa madre, sino que también afeó el comportamiento de su no menos augusto padre.

A raíz de aquella triste noche la reina Isabel ya no levantó cabeza; puede decirse que fue el último encuentro con su hija en este mundo, ya que justo un año después entregaba su alma a Dios en el mismo castillo de la Mota en el que padeciera tan acerva afrenta.

Doña Juana salió triunfante del empeño ya que su madre consintió en que emprendiera el viaje a Flandes. Pero había pagado tan alto precio para conseguirlo, que ya nunca fue la misma. Todavía le esperaban días de dicha y gozosa maternidad, pues llegó a tener dos hijos más, pero las sombras de la locura se cernían amenazadoras sobre criatura que podía haber sido más dichosa, de no haberse concitado sobre su testa coronada los intereses contrapuestos de todos los grandes de este mundo.

Salió doña Juana de Medina del Campo, camino de la rada de Laredo, donde tuvo que esperar dos meses para embarcar, por culpa del estado de la mar en el golfo de Vizcaya. Pero estando ya segura de su partida, se mostraba más sosegada, con un punto de melancolía que ya no había de abandonarla.

Cuando la princesa arribó a la tierra de Flandes en la primavera del 1504, tenía veinticinco años y llevaba año y medio separada de su marido. Pese a las penas padecidas y a ser, ya, madre de cuatro hijos, no había perdido un ápice de su natural belleza, ni de su aire juvenil, hasta el extremo que un cronista de la época escribió que más parecía una doncella que venía en busca de su prometido que una madre avezada en tener hijos.

Don Felipe la recibió con mucho gusto y hasta satisfecho de que hubiera recibido agravios en la corte castellana, pues cada vez sus intereses se separaban más de los de su suegro, el Rey Católico, por culpa del dichoso reino de Nápoles, que se lo disputaban todos a una, como si en tan hermosa ciudad estuviera el ombligo del mundo. Y cuando parecía que franceses, españoles y alemanes estaban de acuerdo en que este reino había de ser para don Felipe, al Rey Católico se le ocurrió, dicen que por mor de la justicia, restaurar en aquel trono a un tal don Fadrique, en su condición de hermano y heredero de don Ferrante II, legítimo rey de Nápoles. Don Felipe el Hermoso, dolido de que su suegro prefiriese dar Nápoles a un extraño antes que a él, montó en cólera, y aunque su esposa le daba la razón, más de un disgusto hubo en el matrimonio con este motivo, por el respeto reverencial que doña Juana debía a su padre.

Acostumbrada la princesa doña Juana a los enredos de estado desde su más tierna infancia, pronto lograba superar estos «disgustillos» —así los denominaba ella misma—, pero no mostró las mismas disposiciones cuando almas caritativas se cuidaron de advertirle que su egregio esposo tenía una amante, de la que parecía en extremo prendado. No es que antes, como queda dicho, no le hubiera faltado don Felipe en lo que más podía dolerle, la fidelidad que le debía, pero siempre de manera disimulada; mas durante su ausencia lo había hecho con la ostentación propia de un rey francés, que tenían a gala el tener amantes a las que hacían favoritas. En esto se notó el fallecimiento del arzobispo de Besançon, que nunca le hubiera consentido a su señor tal menosprecio del legítimo connubio.

En aquellos presumidos amoríos de su augusto esposo siempre habían mediado mujeres de baja condición, a las que tan aficionados eran los nobles flamencos, según cuenta el cronista Raimundo de Brancafort; pero en esta ocasión don Felipe se encaprichó de una dama de la corte, de la que se sabe que era de buenas proporciones, piel muy blanca, en algunos puntos pecosa, y el cabello muy largo y rojizo. También consta que no era mujer de muchas luces, o por lo menos no acertó a saber con quién se las tenía, al ufanarse de ser la amante del rey.

De primeras doña Juana le pidió cuentas a su regio esposo, el cual negó toda relación con la dama, y hasta se comprometió a jurarlo sobre los Sagrados Evangelios. No quiso la princesa que llegara a tanto y se conformó con que «si algo había habido dejara de haberlo de ahí en adelante, pues allí estaba ella para complacer a su señor en todo lo que fuera preciso». Don Felipe, para corresponder a la comprensión de su esposa, se retrajo en el trato de la dama, con lo cual contentó a la una, pero disgustó a la otra, que se había acostumbrado a ser distinguida en la corte con el favor y el halago de las que, a su vez gozan, del favor del soberano.

Y un malhadado día, de manera ostensible, como quien hace gala de un secreto a voces para presumir de él, la despechada dama se escondió en el seno un billete que por las trazas podía pertenecer al archiduque, a la vista de su soberana, en el saloncito de costura, en el que era costumbre que la princesa bordara en compañía de sus damas. Era moneda corriente en la época el que circulasen billetes de amor entre las damas y los caballeros de la corte, y hasta existía un lenguaje de convenido significado, según cómo se recibiera el billete y lo que se hiciera con él; desde el desdén que significaba el estrujarlo y tirarlo al suelo después de leerlo, o aun sin leerlo, hasta el guardarlo en partes íntimas, muy cerca del corazón, que es lo que hizo la dama de los cabellos de fuego. La princesa tenía días buenos y días malos y aquél fue uno de los peores.

Había un médico en la corte de Flandes de origen turco, pero converso al cristianismo, que se daba mucho arte con las hierbas y le hacía unos preparados a su soberana, con alcaloides opiáceos, que la dejaban muy sosegada y en la corte se decía: «Hoy nos espera un buen día con nuestra señora.» Pero el médico, cuyo nombre cristiano era Teodoro Leyden, no siempre acertaba y día había que la princesa se alteraba hasta con el vuelo de una mosca. Aquel día se alteró y motivos no le faltaron ante la necedad de la dama, que de tal manera provocaba a su soberana. Le pidió el billete y la requerida, como si le fuera la vida en que no se supiera lo que en él estaba escrito, se lo tragó con grandes apuros, entre las risas de las otras damas de la corte que, como flamencas, eran muy dadas a los enredos de amor. Dicen que estas risas fueron las que desataron la ira de la princesa, que con las mismas tijeras que estaba cosiendo, se lanzó sobre la dama y tomándola por el cabello, del que se sentía tan orgullosa, comenzó a cortárselo sin que nadie se atreviera a detenerla. Y, por último, le dio un corte en la mejilla para que no olvidara el respeto que debía a su señora. (Esto del corte en la mejilla era costumbre que los señores lo hicieran con sus esclavos, cuando éstos eran de torcida condición.)

Enterarse don Felipe del suceso y montar en cólera todo fue uno y personándose en los aposentos privados de la princesa le reprochó vivamente su comportamiento, primero de palabra y a continuación de obra, pues puso su mano encima de su real esposa. Esto último lo resaltan todos los cronistas de la época, aunque el más minucioso de ellos, Raimundo de Brancafort, aclara que el golpear a las personas presas de histerismo era medicina corriente en aquellos tiempos, y el mismo Teodoro Leyden, con ocasión de algún arrebato de la princesa, le golpeó en las mejillas para que volviera a su ser, aunque siempre con el debido respeto.

Este Teodoro Leyden era quien mejor entendía a su señora y tanto con sus hierbas, como con sus consejos, le ayudó a recuperar el favor de su regio esposo, y prueba de ello es que de allí a poco quedó nuevamente en estado de buena esperanza, en esta ocasión de su hija María. A raíz del incidente del cuarto de costura la princesa había quedado muy postrada, como es habitual en los que padecen el mal de arrebatos, y en tales postraciones siempre le daba por lo mismo: descuidar su persona, tanto en el vestir, como en el aseo personal, y en el comer y en el dormir. El Teodoro Leyden, pese a decirse muy buen cristiano, era muy aficionado a las criadas moras que la princesa se había traído de España, las cuales como esclavas que eran, o habían sido, estaban muy hechas a las costumbres del harén y todo lo fiaban en los encantos personales para ganarse el favor de sus señores.

Por consejos de Leyden se puso en manos de las moras y le tomó gusto a sus acicalamientos, lo cual fue motivo de escándalo en la corte de Castilla, a donde llegaron noticias de que la princesa se bañaba todos los días, y algunos hasta dos veces. Habían de pasar muchos siglos antes de que los castellanos se aficionaran al baño, que lo consideraban costumbre mora que a nada bueno podía conducir; de ahí el asombro que produjo esa afición de la princesa y el que lo tomaran como actitud de persona que no está en su sano juicio.

De primeras no disgustó a don Felipe esta nueva disposición de su esposa, ya que más quería verla fresca y bien aromada, que no sucia y desaliñada. Pero como doña Juana se estuviera volviendo tan extremada en todo, se empeñó en que don Felipe también había de bañarse y acicalarse como ella, a lo cual el soberano se opuso como contrario a su dignidad real, y a tanto llegó la cosa que dijo que no había de dormir con la princesa en tanto no se desprendiera de aquellas esclavas moras que le estaban trastornando el seso. Por motivo tan banal las tuvieron muy sonadas, pues ninguno quería ceder, y don Felipe se consideró justificado para frecuentar otros lechos, puesto que le era negado el de su esposa, que apestaba a almizcle y a otros perfumes poco cristianos.

CAPÍTULO VII

DOÑA JUANA, REINA DE CASTILLA

Cuando andaban en estos piques, que eran la comidilla de la corte, falleció del mal de hidropesía doña Isabel la Católica, el 26 de noviembre del 1504, tan bien dispuesta para el trance final que tenía ordenado desde dos semanas antes que en todos los conventos y monasterios del reino no pidieran por su vida, sino por su muerte que la tenía tan a la vista. En su testamento dispuso que su hija, doña Juana, debía ser proclamada, de inmediato, reina de Castilla, y desde ese día don Fernando el Católico dejó de usar el título de soberano de Castilla.

Cuenta Raimundo de Brancafort que doña Juana se quedó anonadada por la muerte de su madre; no menos anonadado se quedó su esposo, pero por otra razón bien distinta: en el testamento para nada le citaba su egregia suegra. No sólo no le citaba sino que disponía que para el caso de que doña Juana no qui-

Retrato de doña Juana conservado en el Instituto Valencia de Don Juan.

siere o no pudiere entender de la gobernación de sus reinos, sería don Fernando el Católico el regente. Esto iba contra las normas dinásticas de Europa que, en tales casos, preveían la regencia del consorte varón, máxime estando llamado a ser cabeza de una casa reinante y padre del futuro rey de España.

A partir de ese momento se desató un terremoto de pasiones —en cuyo epicentro se encontraba la infeliz princesa— que hubiera hecho enloquecer al más cuerdo de los mortales. Su padre, don Fernando, había dejado de usar el título de rey de Castilla, que no le correspondía, pero pretendiendo gobernar como regente so pretexto de que su querida hija no estaba en su sano juicio. Por su parte, don Felipe se mostraba también conforme en lo de la insania de su no menos querida esposa, pero para gobernar, no como regente, sino a título de rey. Por contra, los nobles de Castilla, que habían visto muy mermados sus privilegios con los Reyes Católicos, por nada querían que se declarase loca a su nueva soberana, ya que confiaban en que siendo mujer, y no demasiado cuerda, les iría mejor que con su autoritario padre. A su vez, los aragoneses no se conformaban con que su señor fuese tan sólo regente del reino vecino, sino que le forzaban para que de una vez por todas se calzase la corona que tan al alcance de su mano le había dejado su egregia esposa. Y entre unos y otros, el rey de Francia echaba cuentas de qué era lo que más le convenía, si loca o cuerda, y otro tanto hacía el Papa de Roma, sin olvidarnos del rey de Inglaterra que, como consuegro de la fallecida reina, también tenía algo que decir.

En los meses que siguieron al fallecimiento de la Reina Católica se sucedió un vértigo de correos especiales que, a uña de caballo, recorrían la ruta que separaba Bruselas de Toledo, trayendo y llevando información y proponiendo arreglos que siempre terminaban en desarreglos. El pío de don Fernando era que su hija, la reina, le concediese de grado poderes para gobernar Castilla, y el de don Felipe el que nada se dispusiera hasta que él llegase a hacerse cargo del reino. Se sucedieron tal cúmulo de indignidades entre uno y otro, que haría falta más de un libro para contarlas. Ambos monarcas, así que prendían a un correo del otro, no se recataban de someterlo a tortura para sonsacarle las intenciones de su señor. El más sonado fue el prendimiento de un tal Lope de Conchillos, secretario del ya citado obispo de Córdoba, Juan Rodríguez de Fonseca, que se presentó en la corte de Bruselas, como muy adicto a la causa de don Felipe, cuando a lo que venía era a sacarle la firma de los poderes a doña Juana. A punto estaba de conseguirlo, cuando don Felipe receló de él y ordenó que le sometieran a tal tormento, que quedó contrahecho para el resto de sus días. Contrahecho, pero muy rico, pues el Rey Católico, para pagarle el buen servicio que le había hecho con su silencio, le hizo nombrar secretario del Consejo de Indias en el que lucró tantas encomiendas, que se decía que no había en toda la isla de Cuba ningún indio que no llevase la marca del «jorobado Conchillos», que era como le llamaban sus enemigos.

De este vaivén de intrigas salió malparada doña Juana, como no podía ser por menos, pues hasta el mismo Teodoro Leyden la traicionó dejando de darle las medicinas opiáceas que tanto la sosegaban. En esto parece que influyó el consejero Filiberto de Vere, que dijo que tales remedios eran más bien embrujamientos y como mencionar esa palabra e ir a la hoguera podía ser todo uno, presto se abstuvo el turco de seguir el tratamiento. Con lo cual la reina unas veces parecía postrada, otras alterada y, con tal pretexto, los esbirros de Filiberto de Vere la tenían aislada, sin consentir que ninguno de los castellanos que residían en Flandes se acercasen a ella. Don Felipe en todo consentía pues le auguraba el señor de Vere que si seguía sus consejos a no mucho tardar sería coronado rey de Castilla.

El principal consejo que le dio fue que, para ceñirse tal corona, había de presentarse en Castilla con razones poderosas, y éstas no fueron otras que el reclutamiento de dos mil lansquenetes alemanes, para que no hubiera duda sobre sus intenciones.

Por su parte el Rey Católico, viendo que la nobleza castellana podía serle adversa, y que poco podía contar con la ayuda de otros monarcas europeos, tentó de asegurar la continuidad de su dinastía en el reino de Aragón, ya que si bien sus Cortes habían aceptado como herederos a doña Juana y a don Felipe, al ser éste extranjero lo habían hecho *sub conditione* de que don Fernando no contrajera nuevo matrimonio y de él tuviera descendencia. Aun a riesgo de desordenar el relato, conviene anticipar que don Fernando se aplicó a esto último y al poco contrajo matrimonio con Germana de Foix, sobrina del rey de Francia, con las consecuencias que se verán.

Una vez tomada la decisión por don Felipe de hacerse con la corona de Castilla, por las buenas o por las bravas, en algo mejoró la condición de doña Juana, pues convenía que la que desembarcara en España fuera reina sin tacha de insania, y luego ya se vería. Cuenta Raimundo de Brancafort que cuando a doña Juana le daban trato de cuerda, como tal se mostraba, siempre que no coincidiera con la luna llena, que le era muy adversa.

Organizó don Felipe una expedición naval tan cumplida como la que llevara a su regia esposa a Flandes diez años antes; sólo las embarcaciones reales y las del séquito de damas y consejeros eran cuarenta, flanqueadas por la armada de los lansquenetes alemanes. También es de señalar, por lo que sucedió después, que los flamencos tenían la fea costumbre de embarcar en los navíos reales meretrices de servicio, con el agravio adicional para aquellas desventuradas mujeres, que las hacían viajar en la misma sentina que las caballerías.

A don Felipe le entraron las prisas y sin hacer caso de los consejos de sus hombres de mar, ordenó levar anclas desde el puerto de Flesinga, el 7 de enero del 1506, y si no lo hizo antes fue por respeto a la Epifanía del Señor. Como era de temer en esa estación del año, a la altura del estrecho de Calais se levantó una tormenta del sudoeste, que son las peores en aquella mar, que desbarató la escuadra, quedando cada navío a su suerte. El de sus majestades, que era una carraca de cuatrocientas cincuenta toneladas, salió muy malparado ya que separado del resto de la flota sufrió los peores embates del temporal, hasta el punto de que perdió el mástil principal y a poco estuvo de zozobrar. En trance de irse a pique estuvieron tres días los caballeros y las damas de la corte postrados por el mareo y el temor, sin poder comer ni beber, y sólo con fuerzas para rezar, salvada la reina doña Juana, que en ningún momento perdió ni la compostura ni el apetito. Por contra el archiduque don Felipe, que siempre fue muy mal marinero y estaba descompuesto, se hizo colocar un odre hinchado bien cosido al cuerpo, para que le sirviera de salvavidas, y se admiró de que su esposa no tuviera miedo. A lo que ésta le replicó:

«¿Por qué había de tenerlo? ¿Es que acaso se conoce de algún monarca que haya perecido ahogado?»

Los que la oyeron se quedaron pasmados, aunque algunos pensaban que no estaba en su sano juicio, pero los siglos transcurridos le vienen a dar la razón pues no se conoce de ningún rey o reina que haya muerto ahogado.

Al tercer día, en lo más álgido de la tormenta, el piloto decidió que habían de desprenderse de parte de la carga, y a tanto llega la locura humana, cuando las mentes son presas del miedo, que al advertir que en la sentina iban las meretrices antes aludidas, un caballero de infausta memoria propuso que también habían de desprenderse de aquellas pecadoras mujeres que, con su mala conducta, habían concitado la cólera de Dios. A la marinería, gente de natural supersticioso y pocas luces, no le pareció mala solución y se dispuso a arriar un bote para dejarlas abandonadas a su suerte, que no podía ser otra que la muerte. A los gritos de las desventuradas mujeres apareció el capellán, que era un clérigo vizcaíno, de nombre Apellániz, hombre temeroso de Dios, que viendo lo que se proponían intentó mediar, sin fortuna, por lo que se dirigió a la reina, que era la única que se mantenía serena en aquella extrema situación. Ésta salió de su cámara, y sin arredrarse de las olas que barrían la cubierta, se dirigió a la marinería y les dijo:

«Si tenemos que echar lastre al mar, comencemos por los caballeros que se sirven de ellas, y que son los que las trajeron a bordo, y en esto no hay excusa ni para nuestro señor el rey, puesto que estamos en trance de rendir cuentas ante quien se le da poco de que sean reyes o plebeyos los que hacen el mal.»

Cuenta Raimundo de Brancafort que todos se admiraron de tales palabras y de la majestad con que las decía, y concluye: «¡Qué gran reina hubiera sido si en más le hubieran ayudado, cuando le fallaba el raciocinio, los que decían que bien la querían!»

Por fin se apaciguó la mar, se levantó la niebla, y con no pocos apuros pudo arribar la maltrecha flota a las costas de Inglaterra, donde, de primeras, no fueron muy bien recibidos, pues viendo tanta gente armada temieron que venían en son de guerra. Cuando se aclaró la situación, el rey Enrique VII mandó un cortejo de nobles al puerto de Weymouth, que fue al que arribó la nave real, para que condujesen a sus majestades reales al castillo de Windsor, donde fueron tratados con los honores debidos. Don Felipe el Hermoso se mostró en todo como si ya fuera rey de Castilla, y se concertó con el monarca inglés para establecer una alianza que ya había de ser perpetua entre Inglaterra, España, Flandes y Alemania; para refrendarla se intercambiaron las Órdenes más preciadas de sus respectivos países, la de la Jarretera por parte de Inglaterra, y la del Toisón de Oro, por la de Flandes. Y de paso don Felipe el Hermoso aceptó una iniquidad: entregar al monarca inglés al conde de Suffolk, pretendiente a la corona de Inglaterra, que se había refugiado en los Países Bajos huyendo de la cólera de Enrique VII. Para salvar su conciencia firmaron una cláusula por la que el monarca inglés se comprometía a respetar la vida de su adversario al trono. Pero como bien dice Raimundo de Brancafort «era ésta una cláusula de imposible cumplimiento, pues su majestad de Inglaterra para nada quería vivo al de Suffolk, sino muerto y bien muerto, como así sucedió a no mucho tardar». También cuenta el mismo cronista que el rey inglés, de nuevo, se quedó admirado de la hermosura de doña Juana, y de que conservara tal lozanía y el talle tan airoso, pese a que cuatro meses antes había dado a luz a su quinto vástago, la infanta María.

En este mismo viaje le cupieron algunas satisfacciones a doña Juana; la primera fue el encontrarse con su hermana pequeña, la princesa Catalina, a la sazón viuda del hijo mayor de Enrique VII, el príncipe Arturo, y en trance de casarse con el otro hijo, el que acabaría siendo Enrique VIII, de triste memoria para la cristiandad. Eran estas dos hermanas las princesas más cultivadas del Renacimiento y es de suponer lo que disfrutarían al verse después de tantos años de separación. Pero el rey Enrique VII, cuya mezquindad era proverbial en todas las cortes europeas, no quiso que estuvieran muchos días juntas, pues por entonces andaba renegociando la dote de Catalina con su padre, el rey Fernando el Católico, que no le iba a la zaga en estas miserias, y para nada quería que mediara la nueva reina de Castilla.

Tan maltrecha había quedado la armada flamenca que se precisaron más de tres meses para que estuviera, de nuevo, en condiciones de navegar y esto con ayuda de los astilleros ingleses. Pero hay quienes piensan que, por orden del rey, estos astilleros no se mostraron diligentes hasta que se hubo consumado por parte de los flamencos la entrega del conde de Suffolk.

Por tal motivo, y como ya se hubieran cruzado entre ambos monarcas toda clase de cortesías, acuerdos y festejos, don Felipe se retiró en compañía de su esposa a un hermoso castillo propiedad del conde de Arundel, en el condado de Exeter, que le dicen el «jardín de Inglaterra» por la hermosura de sus prados y forestas, en espera de la partida. Allí, lejos del bullicio y los fastos de la corte, y apartados de las intrigas políticas, los jóvenes soberanos pasaron unas semanas muy dichosas, sin otro quehacer que la caza, la música, y el ocuparse el uno del otro. Cuentan que don Felipe se esmeró mucho en que doña Juana estuviera en su ser, para que no se dudara de que era la reina de Castilla, que para nada necesitaba la regencia de su padre. Tanto se esmeró que quedó en estado de la infanta Catalina, la que se convertiría en su única alegría en los largos años de desolación que se le avecinaban.

El cronista Padilla, muy moderado en todo, dice que don Felipe amaba tiernamente a doña Juana y que, pese a su voracidad por otras mujeres, no por eso fue peor marido que otros monarcas de su tiempo. También dice que fue padre muy amoroso e invoca que cuando estuvieron a punto de zozobrar, frente a las costas inglesas, sólo pensaba en sus hijos, que se habían quedado en Flandes, y en lo que sería de ellos. Y concluye Padilla: «Si doña Juana hubiera sido más comprensiva con las debilidades de su augusto esposo, y éste hubiera hecho menos caso de los enredos políticos que le tendían sus consejeros flamencos, otra suerte hubiera sido la de estos monarcas que, por lo demás, estaban hechos el uno para el otro, en cuanto a apostura y bondad de corazón atañe. Y de no haber muerto don Felipe tan prematuramente, a saber el número de hijos que podían haber tenido, que en sólo diez años de matrimonio alcanzaron a tener seis, sin un mal parto, cosa nunca vista entre monarcas.»

El 22 de abril del 1506 la armada flamenca reanudó su interrumpido viaje y, después de cinco días de felicísima navegación, alcanzó el puerto de La Coruña, donde los jóvenes soberanos fueron recibidos en medio del fervor popular. Recorrieron las calles de la ciudad, a caballo, provocando la admiración de la multitud la gentileza de ambos jinetes, y no menos admiración el formidable despliegue de los dos mil lansquenetes alemanes que se quedaron de retén en las atarazanas del puerto. Pero para nada fue precisa su intervención porque el Rey Católico estaba muy rendido a quedarse sin Castilla, al tiempo que muy distraído con su joven esposa francesa y su afán de buscar un heredero para Aragón.

En La Coruña se vio que eran más los nobles que preferían intentar fortuna con los nuevos monarcas, que no seguir bajo la férula del rey aragonés. De los grandes sólo se habían alineado junto a don Fernando el duque de Alba y el conde Cifuentes, que luego tuvieron su recompensa. En cuanto al más grande de todos (no por su sangre, sino por sus poderes), el cardenal Jiménez de Cisneros, por encima de todo quería evitar una guerra civil y fue quien consiguió que suegro y yerno se encontraran en Remesal, una granja cercana a Puebla de Sanabria, y llegasen a un acuerdo por el que don Fernando renunciaba a la posible regencia que le confería el codicilo de la Reina Católica, lo cual comportaba la separación total de Castilla y sus territorios allende los mares, de Aragón y sus dominios de Italia. El acuerdo se firmó en Villafáfila el 27 de junio del 1506.

Después de la firma del acuerdo hubo enredos sin fin por parte de unos y otros y el más señalado fue el que intentó Filiberto de Vere, quien aconsejó a su señor que le convenía que, en tal momento, se declarase la incapacidad de la reina, y así él se convertiría en rey por derecho propio y no tan sólo como consorte. A punto estaba de ceder don Felipe, que parecía no tener otra voluntad que la de su valido, cuando medió el almirante de Castilla, Fadrique Enríquez, aquel que presidiera la corte de la princesa en su primer viaje a Flandes y que desde entonces le era muy devoto. Al frente de la más alta nobleza dijo que de ningún modo habría de aceptar tal incapacidad, si antes no hablaba con la reina sin otra compañía que la de los nobles que él designara, ninguno de los cuales habría de ser ni flamenco, ni del partido del rey Fernando. Por ser mucha la autoridad moral del almirante, y más las de las lanzas que le respaldaban, hubieron de acceder a lo que solicitaba y el encuentro tuvo lugar en la ciudad de Valladolid.

Bien sea por el mucho amor con que le habló el almirante a su reina, bien porque fueran días en los que le tocaba estar de buenas (lo cual es frecuente que suceda aun en los que están perturbados), doña Juana contestó con tanta prudencia, que no les quedó duda de que podía ser mejor soberana que un rey que ni siquiera sabía valerse del castellano. Por tanto, los nobles declararon por escrito que no había vestigio de insania en su soberana, y los procuradores de las ciudades se adhirieron a tal declaración, de manera que el 12 de julio del 1506 las Cortes juraron a doña Juana como reina propietaria de Castilla y a don Felipe como «verdadero y legítimo señor», pero no por derecho propio sino porque era su «legítimo marido».

Este triunfo de doña Juana, quizá el último que habría de tener en este mundo, tuvo el amargor de saber que era su propio esposo quien le discutía el derecho de gobernar, y entre eso y entre que comenzaban los meses mayores de su embarazo, que era cuando su marido le mostraba mayor desvío, entró en una de esas melancolías que ya la acompañarían el resto de sus días. La sacó de ella, como una de esas sacudidas que hacen recobrar el juicio a quien lo tiene extraviado, la enfermedad que habría de acabar con la vida de su amado esposo.

Ésta se presentó, de manera súbita, después de que don Felipe jugó un partido de pelota en un castillo que poseía el almirante de Castilla en tierras de Burgos, y que el fiel almirante se lo había regalado para contentarlo por la oposición que le había mostrado en las Cortes de Valladolid. El castillo era muy hermoso y don Felipe, como codicioso que era de los bienes terrenos, se mostraba muy ufano de él y jugó con gusto aquella partida, si bien se quejaba del calor y no hacía nada más que beber agua, que se la traían muy fría de unos ventisqueros de la sierra de la Demanda. De ahí la leyenda de que murió por beber estando sudado, pero como comentó un famoso jugador de la época, Juan Egaña, conocido en Inglaterra como John Egont, «si eso fuera cierto ninguno saldríamos con vida de estas partidas, pues de nadie se conoce que beba teniendo frío, sino calor». El mal que se le declaró era el mismo que se llevó a la tumba a otros muchos, pues fue año de epidemias en Europa entera, de las que no se salvaban ni las testas coronadas.

Doña Juana, extremada como era en todo, se puso a la cabecera del enfermo olvidados todos los agravios y recibiendo el premio de que su esposo sólo quería recibir cuidados de ella. El doctor Parra, médico de la corte, le hacía ver que no le convenía estar tan cerca de enfermedad tan apestosa encareciéndole que, si no por ella, lo hiciera por el fruto que llevaba en sus entrañas, ya en el quinto mes del embarazo. Pero doña Juana no hacía caso de tales advertencias y mostrándose en todo como soberana que era, daba órdenes sobre lo que debía hacerse, y mandaba que viniesen nuevos cirujanos que atajasen el mal. Tampoco se recataba de besarle, con grandes muestras de amor, y lo poco que durmió durante los seis días que duró la enfermedad, lo hizo recostada sobre el pecho de su augusto esposo. Éste, mientras conservó el sentido, no hacía más que manifestarle su agradecimiento por cuanto estaba haciendo por él, y prometerle que si Dios, en su inmensa benevolencia, le conservaba la vida, todo habría de ser muy distinto de allí en adelante, y hasta le aseguró que, por darle gusto, aprendería el habla castellana.

Al quinto día entró en agonía, después de haber recibido todos los auxilios que la Iglesia tiene previstos en estos casos, y cuenta el citado doctor Parra que «a todos nos admiraron las disposiciones de nuestra señora, la reina, en esos tristes momentos; las fatigas y trabajos que tomaba sobre sí hacían temer por su salud, pero nada sucedió pues es mujer nacida para soportar cualquier fatiga. Siendo muy cristiana, como era, se sentía muy confortada viendo a su regio esposo tan compungido y arrepentido de su vida pasada; durante los últimos días, en los que su majestad, el rey, no parecía oír ni entender, la reina no por eso se apartaba de él, y le decía cosas muy dulces y amorosas, al tiempo que le musitaba oraciones para la buena muerte, por si las podía oír con los sentidos del alma. Falleció y siguió junto a él, pues decía que teólogos había que entendían que el alma tarda en abandonar el cuerpo más de lo que nosotros creemos y que en tanto hubiera espíritu convenía decirle cosas que fueran de su gusto. Costó separarla de su cuerpo, al que hizo muchas muestras de amor, con besos y caricias, pero sin perder la compostura, y sin que ese afán pueda atribuirse al extravío del que diera muestras en otras ocasiones. Por contra, hizo reflexiones muy cristianas sobre lo perecedero que es todo en esta vida mortal, y cómo tanto que urdió su difunto esposo para llegar a reinar en Castilla, para al cabo ser rey por no más de cuatro meses, que ni siquiera fueron los más felices de su vida».

CAPÍTULO VIII

DOÑA JUANA, VIUDA ENAMORADA

Fallecer don Felipe el Hermoso y convertirse Castilla en el puerto de Arrebatacapas todo fue uno. Por ser tiempos en los que no había más riquezas que las que se poseyeran materialmente, los dignatarios flamencos se apresuraron a hacerse con cuanto hallaron a mano, puesto que ya no podían esperar las sinecuras que les prometiera su soberano fallecido. Consta que el conde Nassau y el señor de Isseslstein se hicieron con tal cantidad de joyas, tapices y cubertería de plata, que tuvieron que fletar un barco, en el puerto de Bilbao, para trasladarlas a su tierra.

Por su parte, los nobles de Castilla, como si hubieran vuelto los viejos tiempos del feudalismo, se dedicaron a armar ejércitos privados para resolver antiguas diferencias y quitarse unos a otros ciudades y plazas fuertes. Y todos procuraban hacerlo en nombre de su señora, la reina doña Juana, mientras ésta se ocupa-

«Juana la Loca velando el cadáver de Felipe el Hermoso.» Detalle de un lienzo de Francisco Pradilla.

ba de las exequias de su difunto esposo. Cuenta la leyenda que la reina se dedicó a pasear el féretro de don Felipe, de plaza en plaza, de noche, a la luz de las antorchas, esperando que de un momento a otro pudiera resucitar. Y si bien es cierto que se dice entre cronistas que, en caso de duda, entre la realidad y la leyenda más conviene quedarse con esta última, no ha lugar en el que nos ocupa, pues bien claro nos cuenta la historia que nunca soñó doña Juana tamaño disparate, y que sus extravíos fueron por otras trochas. Cierto que mandó embalsamar su cadáver, como era costumbre hacer con los monarcas, y cierto que lo hizo depositar en la Cartuja de Miraflores, próxima a Burgos, a la que cada dos o tres días iba a rezarle misas, pero lo hacía por vía de sufragios para que cuanto antes saliera del purgatorio, en el que pensaba que se encontraba por sus muchas codicias y pecados de la vida pasada. Cierto también que en ocasiones le hablaba, no porque esperase respuesta, sino por el gusto de comunicarse con los seres queridos mediante la comunión de los santos. De ahí que le dijese —según testigos de vista— cosas tales como, «que sola me he quedado sin mi rey y señor», lo cual era cierto pues no tenía más compañía que la de su hijo Fernando, que a la sazón tenía cuatro años de edad, y todos los demás de cuantos la rodeaban sólo estaban a sacarle mercedes, empezando por el arzobispo Jiménez de Cisneros, que la tenía por reina, pero su único pío era que le firmase poderes para gobernar en su nombre.

En cuanto al Rey Católico, cuando falleció don Felipe andaba por tierras de Italia, muy afanado como siempre con su querido reino de Nápoles, tomando sus disposiciones para Castilla, que no podían ser otras que resucitar el codicilo de Isabel la Católica, por el que se le declaraba regente en caso de que no pudiera gobernar doña Juana. Pero todo con gran cautela pues si se declaraba incapaz a su hija, los nobles castellanos que no le querían, y que eran los más, invocarían el Tratado de Villafáfila por el que había renunciado a Castilla, en cuyo caso, sería declarado sucesor el príncipe Carlos, y como regente vendría a España el emperador Maximiliano que tenía mejor derecho por ser abuelo por línea paterna.

Esa cautela consistió en que en el ínterin gobernase el arzobispo Cisneros, pero no a título de regente, sino en nombre de la reina doña Juana. Este ser y no ser reina en mucho perjudicó a doña Juana y la hizo desvariar más que la muerte de don Felipe, que una vez acaecida y no teniendo remedio, la afligió no más que a otras viudas enamoradas que, como es de natura, tienden a recordar lo bueno y no lo malo del difunto y por eso se dice que cualquier tiempo pasado fue mejor. Gustaba doña Juana hablar de don Felipe, pero siempre para recordar sus donaires, y el buen trato que le dio en tal sitio y en tal otro.

En cuanto a sus famosas procesiones con el féretro de don Felipe a cuestas, a la luz de las antorchas, lo único que consta es que la misma epidemia que acabó con la vida de su esposo seguía enseñoreándose de Castilla, y cuando el mal llegó a Burgos, la reina se trasladó a Torquemada, y de allí a Hornillos y después a Arcos, siempre huyendo de la mortal enfermedad, de lo que se colige que no tenía tanto afán, como se ha dicho, en reunirse en el otro mundo con su amado esposo.

Entretanto, y pese a tantas penas como le ocasionaba la desgobernación de su reino, dio a luz con la soltura en ella habitual a su última hija, la infanta

Catalina, el 14 de febrero del 1507. Después de los partos era tal el amor que le entraba por la criatura recién nacida, que en todo se comportaba como madre tiernísima, aunque había quien tachaba de extravío el que gustara servirse de sus propios pechos, en lugar de valerse de nodrizas como era costumbre real. En cambio, el arzobispo Jiménez de Cisneros alababa este hábito, y quizá era en lo único que coincidían ambos próceres, pues en lo demás nunca acertaba el arzobispo a hacer nada que fuera de su gusto.

En este ser y no ser reina, según la conveniencia de unos y otros, apareció un tercero en discordia en la persona de su viejo enamorado el rey Enrique VII de Inglaterra, que la pidió en matrimonio. La propuesta le vino a través del embajador del rey inglés pasando por su padre el Rey Católico, a quien no le pareció mal el proyecto por entender que a su hija le podría convenir, para su salud, un cambio de aires, y a él la posibilidad de que se aplicase el codicilo de la Reina Católica, por ausencia de Castilla, de la reina doña Juana. Pero de primera intención le hizo saber al embajador inglés que antes preferiría tener que arrancarse todas las muelas que comenzar a discutir con el monarca inglés la dote de su hija. Esto lo decía por lo mucho que había penado y seguía penando con la dote de su otra hija, Catalina de Aragón, a punto de casarse con el príncipe de Gales. A lo que Enrique VII contestó que en este caso no habría cuestión y se conformaría con unas pocas rentas de las muchas que traían los barcos de las Indias, pues la mejor dote era la seguridad de tener descendencia estando por medio mujer tan prolífica y amorosa como había demostrado ser la reina Juana. Mas como no se fiara el Rey Católico del desprendimiento del monarca inglés, le replicó que no le parecía decoroso el que doña Juana se convirtiera en suegra de su hermana pequeña, la princesa Catalina de Aragón, cosa nunca vista; y de paso, le advirtió que doña Juana no siempre estaba en su ser natural y le daban arrebatos seguidos de melancolía, por lo que algunos la tenían por lunática.

Cuenta el cronista inglés Edmond Blot que Enrique VII estaba tan prendado de la reina castellana y de la posibilidad de tener hijos con ella que asegurasen más su descendencia (sólo tenía un hijo varón), que si le hubiera apretado el rey aragonés hasta hubiera renunciado a la dote; y en cuanto a su condición de lunática, bien sabida y hasta exagerada en las cortes europeas, contestó que:

«Según nuestro entender esos arrebatos eran debidos a mal de amores por la mucha juventud que tenía el archiduque don Felipe el Hermoso, de feliz memoria, que hacía recelar a su egregia esposa, pero tales recelos no tendrán lugar compartiendo su vida con hombre maduro y temeroso de Dios, por lo que es de suponer que se le sosegará el ánimo.»

Estos primeros tratos entre ambos monarcas les llevaron no menos de cuatro meses, habida cuenta de que el Rey Católico se encontraba, todavía, en tierras de Italia y los correos entre las islas Británicas y Nápoles tardaban más de un mes. Es fama que muchos de los logros políticos del rey aragonés fueron por acertar a no decir ni que sí, ni que no, sino dejar correr los negocios para que ellos mismos encontraran su cauce. En esta ocasión, como no sabía qué es lo que más le convenía para hacerse con Castilla, dejó que la propuesta del monarca inglés llegara hasta la verdadera interesada, la reina doña Juana.

El encargado de comunicárselo fue el arzobispo

Jiménez de Cisneros en persona. De este arzobispo conviene saber que siendo monje franciscano, famoso por su virtud y austeridad, le sacó la Reina Católica de sus casillas, primero haciéndole su confesor y a renglón seguido arzobispo de Toledo; desde esta mitra, la más importante de España, reformó con tanto acierto toda la vida religiosa de conventos y monasterios, amén de evangelizar a los moros granadinos, que la reina le pidió que arreglase otros asuntos del reino que poco tenían que ver con la religión. Parece que al principio se negó y quería volver a su vida monacal, pero al final accedió y, es de suponer, que acabó por tomarle afición. Mucho bien hizo a España mediando en tantas desavenencias como había entre unos y otros, y en todo acertó salvo en su trato con la reina doña Juana, la cual llegó a decirle en uno de sus arrebatos que le parecía un ave de mal agüero, cosa que el arzobispo como buen cristiano supo perdonar, pero no olvidar, y fue siempre de los convencidos de que la reina no estaba en su sano juicio, y no convenía que gobernara en Castilla.

En esta ocasión tampoco acertó pues la reina, de primeras, le espetó que cómo se atrevía a hablarle de matrimonio estando todavía insepulto su primer esposo. (Insepulto habría de estar durante mucho tiempo y no por otra razón sino porque el archiduque había manifestado su deseo de ser enterrado en la catedral de Granada, la cual se encontraba en terreno de nobles levantiscos, contrarios a don Fernando, y hasta que no se pacificase toda la Andalucía, no se consideraba prudente el que viajara allá la reina al frente del fúnebre cortejo.) El arzobispo demostró en esta ocasión ser poco conocedor del alma femenina, pues ante semejante réplica no insistió más, sin caer en la cuenta de que toda mujer se siente halagada cuando es requerida de amores, aunque éstos sean reales y, por ende, más arreglados que sinceros. Pero por otros caminos más fluidos que los del arzobispo le llegaron a doña Juana noticias de lo mucho en que la tenía el rey de Inglaterra.

En el año largo que tardó el rey Fernando en volver de Italia, la única corte que había en España era la que se movía en rededor de doña Juana, pues aunque había dudas sobre lo que sería de ella cuando regresara su padre, de momento era el único sol que calentaba. Sus doncellas recibieron con alborozo la noticia de las pretensiones del rey inglés, pues en todo tiempo las bodas reales han sido muy del gusto de las gentes, y una dama muy sesuda, de la familia de los Moya, de nombre Balbina, le dijo que pensara muy bien lo que había de hacer, ya que antes o después casarse había de casar, pues no se conocía de ninguna reina viuda que a los veintiocho años —que eran los que tenía a la sazón doña Juana— no volviera a matrimoniar, aunque sólo fuera por razones de estado. Doña Juana recibía todos estos consejos haciendo dengues, pero provocando para que le contaran más cosas de su pretendiente. Cuando le dijeron que recién había cumplido los cincuenta años, preguntó un tanto risueña: «¿No se os hace un poco mayor para seguir con el empeño de tener hijos?» A lo que doña Balbina le contestó que antes perdía el viejo el diente que la simiente y, en medio de grandes risas, no quisieron continuar la conversación por esa trocha, en atención a las doncellas que estaban presentes.

Estas doncellas eran las más interesadas en que el proyecto se llevara a cabo, pues ya se veían viajando en una armada real camino de Inglaterra, para ser recibidas con grandes honores y ser solicitadas en matrimonio por caballeros ingleses, como era costumbre. Y estas mismas doncellas eran las que traían noticias, que decían conocer por parientes nobles, de cómo era la corte de Inglaterra y cómo suspiraba el monarca inglés por ella. Doña Balbina de Moya, que por pertenecer a familia tan importante estaba bien informada y columbraba que nada bueno le esperaba a su señora cuando volviera el Rey Católico, también le hacía mucha fuerza para que aceptara. Y un día la reina le confesó que, sólo por el placer de tener cerca de sí a hermana tan querida como era Catalina de Aragón, aceptaría el casarse con quien en ningún caso podría borrar de su corazón el recuerdo de don Felipe el Hermoso.

Estaba doña Juana decidida a volver a hablar con el arzobispo Jiménez de Cisneros, y hasta a dejarse aconsejar por él en cuestión tan capital, cuando el ilustre prelado tuvo que partir para Granada, que parecía un hervidero entre la sublevación de los moriscos de la Alpujarra y la de los nobles andaluces que andaban dirimiendo diferencias entre ellos, y sólo se ponían de acuerdo para discutir la autoridad real. Durante estas esperas la reina doña Juana cuidaba de acicalarse con esmero y gastaba bromas sobre el modo de hablar de los ingleses y sobre otras costumbres de ellos, que recordaba de los meses que, por culpa de la mar, había pasado en Inglaterra. Entretanto regresó don Fernando de Italia, pero ya apenas hubo ocasión de hablar del posible enlace, pues de allí a poco fallecía Enrique VII de una tisis galopante que se lo llevó a la tumba en un abrir y cerrar de ojos. Y así nunca se sabrá si hubiera sido otra la suerte de doña Juana de haberse coronado reina de Inglaterra, en lugar de ser prisionera de su destino en Castilla. Lo que sí se sabe es que doña Juana supo corresponder a las atenciones del monarca que la pretendía y mandó que se celebrasen funerales por su alma, que durante el primer mes no desmerecían de los que seguían celebrándose por don Felipe el Hermoso.

Regresó don Fernando el Católico muy decidido a poner orden en el reino, que más desordenado no podía estar, y hasta los nobles levantiscos comenzaban a darse cuenta de que de seguir por aquel camino, acabarían como los moros con sus reinos de taifas, que fueron su perdición.

Don Fernando, como no podía ser de otra manera, entró en España respetando la autoridad de su querida hija, la reina doña Juana, pues como tal había sido reconocida por las Cortes de Valladolid. Lo de que era reina no tenía duda, pero no tanto el que fuera su hija muy querida, como siempre se hacía escribir en sus documentos, no por maldad de corazón, sino porque padre e hija habían tenido tan poco trato que apenas se conocían, ya que cuando doña Juana partió a Flandes tenía diecisiete años y los años anteriores se los había pasado don Fernando, o bien peleando con los moros en Granada, o con los franceses en Italia.

Don Fernando se encontró con que doña Juana tenía la potestad real y el arzobispo Jiménez de Cisneros los dineros para administrar esa potestad. Es de admirar que siendo el arzobispo de la Orden de San Francisco de Asís y como su fundador muy entregado a la pobreza (que en su persona la vivía esmeradamente) se hubiera dado tanta maña en hacerse con todos los dineros de Castilla, organizando los impuestos de manera que todos hubieran de pasar por él, amén de cuidar de que no llegara ningún navío de las Indias que no cumpliera en el acto con el quinto debido a la Corona. Y tener dinero era tener ejército pues, como ya se ha explicado, desde que se inventó la pólvora todos ellos eran mercenarios.

Corte tenía doña Juana, pero quien la mantenía y de quien cobraban era del arzobispo; baste considerar que la guardia real había prestado juramento de fidelidad a Jiménez de Cisneros, como único remedio para poder percibir su soldada.

Cuando se supo que don Fernando estaba en viaje para España, un gran número de nobles y grandes de España, que temían las represalias del Rey Católico, se apresuraron a firmar un documento, que lleva fecha de 19 de junio del 1507, jurando fidelidad a la reina doña Juana, y sólo a ella. Por lo que si de juramentos hubiera dependido, doña Juana hubiera gobernado por años sin fin. Cuando el arzobispo Cisneros tuvo noticia de ese documento, y de la amenaza de los grandes de sublevarse contra el rey aragonés, dijo con la mesura en él habitual:

«¿Sublevarse? Para sublevarse hacen falta dineros, y los nobles sólo tienen palabras.»

Como don Fernando el Católico fuera del mismo parecer, lo primero que hizo al poner el pie en España fue entregarle el capelo cardenalicio que había obtenido para él del Papa de Roma, Julio II, en prueba de agradecimiento por los servicios que había prestado a Castilla durante su ausencia. Don Fernando, como rey prudente que era, miró a uno y otro lado, y pronto se apercibió de que para gobernar a los ariscos castellanos, no le quedaba más remedio que contar con la autoridad regia, en la persona de su hija, y con la autoridad efectiva representada por los cañones y los soldados del cardenal Cisneros. Por eso procuró contentar a uno y a otro; a Jiménez de Cisneros de la forma dicha y a su hija enviándole cartas muy amorosas, y titulándola siempre de reina. Doña Juana correspondió disponiendo que allí por donde pasase su padre, recibiera los mismos honores que ella misma.

El encuentro entre el padre y la hija tuvo lugar en Tórtoles, cerca de Burgos, y el cronista Pacheco lo cuenta así: «Nuestra señora, la reina, recibió con gran emoción a su augusto padre, y aunque no pudo por menos de admirarse de lo avejentado que lo encontraba, supo disimularlo; la reina llevaba una negra caperuza que le cubría todo el rostro, como correspondía a su condición de viuda, pero en lo demás iba muy bien trajeada y tan lozana como de costumbre. Ante la presencia del rey don Fernando se destocó, mostrando un rostro arrasado por las lágrimas, muy hermoso, y tomó la mano de su padre para besársela, al tiempo que iniciaba una reverencia, pero no se la consintió don Fernando para que quedara constancia de quién era la majestad en aquel trance, y para honrarla como tal hincó la rodilla en su presencia. No permitió la hija tal sumisión, poniéndose también ella de hinojos y en esa humilde postura, que en esta ocasión a ambos enaltecía, se abrazaron estrechamente. Después comieron juntos en el palacio que hay en esa villa, y a su término anunció el rey don Fernando que estando su hija en su sano juicio, le había cedido a él la administración del reino. Para nada se habló de regencia, ni de firmar acuerdos, sino que de palabra le había encargado dicho cuidado. Esto era de sentido pues siendo la reina poco experimentada en los negocios del reino, y su padre muy avezado en ellos, es de natura que le hiciera esa confianza, como antes se la había hecho doña Isabel la Católica, que con ser tan buena reina nada gustaba de hacer sin el consejo de su augusto esposo. Pero lo que es de admirar es que el cortejo de doña Juana volviera muy menguado al lugar que habitaba en Tórtoles, pues en menos de lo que canta un gallo, que de una vez a otra no pasan veinticuatro horas, todos los que estaban con la reina se pasaron al cortejo de don Fernando; entre los que se pasaron al Rey Católico se encontraban los obispos de Málaga y Mondoñedo, a los que la reina tenía por fidelísimos, y la que más le dolió fue doña María de Ulloa, dama de su mayor confianza.»

Pero la reina supo disimular su pesar y eso le valió el que cesaran en tacharla de lunática y la dejaran vivir tranquila en Arcos, adonde se trasladó con el féretro de don Felipe, en espera de poder darle sepultura definitiva en Granada. Allí se estuvo nueve meses, durante los cuales el rey Fernando, con la ayuda del cardenal Cisneros, arregló en gran parte los desórdenes de Castilla, salvada Andalucía, para la que dispuso una expedición de castigo como se merecía su díscola condición. Pero no le pareció prudente al Rey Católico marcharse tan lejos, dejando a la reina en una plaza desguarnecida, como era la de Arcos, con el riesgo de que la pudieran tomar como rehén sus enemigos, que seguían siendo muchos, o que la obligaran a firmar lo que no convenía para el reino. Por eso pretendió trasladarla a Burgos, plaza fortificada a salvo de algaradas, y por ahí comenzaron los problemas.

Esta villa de Arcos era muy risueña y en ella se encontraba muy sosegada doña Juana en todo entregada a los dos únicos hijos que habían nacido en España, el infante Fernando y la infanta Catalina, a los que amaba con especial ternura por el mucho trato que tenía con ellos. Por eso, cuando su padre le propuso trasladarse a Burgos se resistió y como una premonición de lo que le esperaba dijo que por nada de este mundo le gustaría encerrarse en plaza amurallada, que era tanto como enterrarse en vida. El Rey Católico respetó su decisión, pero se llevó consigo al infante don Fernando que, a punto de cumplir los seis años, ya se mostraba buen jinete, digno hijo de su padre, y en él tenía puestas sus complacencias su egregio abuelo por razones fáciles de comprender.

Por aquellas fechas ya se barruntaba que no acertaba en lo de tener hijos con su joven esposa Germana de Foix, por lo que todo hacía suponer que uno de sus nietos sería llamado a sucederles tanto en Aragón como en Castilla; ése debía ser el primogénito don Carlos, a quien el Rey Católico no conocía ya que se estaba educando en la corte flamenca bajo el influjo del emperador Maximiliano, lo cual no resultaba de su agrado. ¿Cómo había de ser buen rey de España quien se educaba tan lejos de ella, que ni siquiera conocía su lengua y sus costumbres? Por eso sus preferencias, y su mismo corazón, se inclinaban por el infante don Fernando, nacido y criado en Castilla, y siempre que se le presentaba la ocasión lo tomaba consigo ya que hasta había encargado a juristas de Salamanca que estudiaran unas pragmáticas del rey don Alfonso el Sabio, según las cuales la primogenitura cedía en favor del siguiente hermano en determinadas circunstancias.

La reina doña Juana se sentía muy halagada de que su padre tuviera en tanto a hijo suyo tan querido y se complacía viéndolos cabalgar juntos, el nieto tan rendido al abuelo, y el abuelo tan tierno con él que no parecía ser el rey.

Pero en esta ocasión, un día aciago, aquella doña Balbina de Moya que bien la quería, pero no siempre acertaba en lo que le decía, hizo algún comentario del que podía deducirse que otras eran las intenciones del Rey Católico al llevarse al hijo preferido de doña Juana, quién sabe si encerrarlo en el castillo de Burgos, para que a la reina no le quedara más remedio que ir tras él si no quería perderlo. Eran estos Moya de los que se habían sometido al rey aragonés de mal grado y lo que dijo, o dejó de decir doña Balbina, nunca se supo, pero es de suponer que lo dijo estando la luna llena, que era cuando más indefensa se encontraba la reina frente al mal que llevaba dentro. El caso es que aquella misma noche, a las doce en punto, se despertó doña Juana tan cierta de que le habían tomado a su hijo como rehén, que se desató en ella una furia que no se le conocía desde que cortara los cabellos a la dama de Bruselas. Comenzó a dar órdenes sin concierto alguno, disponiendo que le ensillaran caballerías para salir en busca de su hijo, y amenazando de muerte a quienes no las cumplieran en el acto. Bien se cuidaron sus servidores de no obedecerla, por mucho que les gritara que era la reina y que en todo le debían obediencia.

Comenta un cronista anónimo de la época que «el mal que tenía nuestra señora la reina era que cuando le daban estos arrebatos, de nadie se dejaba aconsejar, ni dejarse ver de médicos, ni cirujanos, y tan pronto se le pasaba el arrebato se hundía en una melancolía que traspasaba el corazón el verla con la mirada perdida, sin querer comer ni beber, tan abandonada en toda su persona, que la que pocas horas antes admirara por su hermosura, se tornaba en la más miserable y harapienta de las criaturas, pues tampoco era extraño que durante esos arrebatos se arrancara sus regias vestiduras, dándosele poco que se le quedaran al aire sus augustos pechos. ¿Quién no habría de conmoverse viendo a una madre que de tal manera suspiraba por el hijo que entendía que le habían robado?»

Puede que también se conmoviera el rey don Fernando cuando le llegaron estas noticias sobre el estado de su hija, pero no por eso dejó de tomar las disposiciones que entendía que eran más convenientes para la seguridad del reino. Sobre todo cuando el obispo de Málaga, que no por haberse pasado al bando del Rey Católico dejaba de seguir amando a la reina, le comunicó que no sólo no comía ni dormía, sino que pasaba muchas noches al raso, mirando el camino por el que se fuera el infante don Fernando, sin querer echarse ni siquiera una manta por encima de sus hombros; de resultas de lo cual le había entrado una tos que nada bueno hacía presagiar.

Con independencia de lo que le dictara su corazón de padre, de ningún modo podía consentir que muriera su hija, porque sería tanto como dar entrada en España al infante don Carlos, bajo la regencia de los Habsburgo, y por eso dispuso que se le devolviera el hijo por el que tanto suspiraba.

Pero el mal ya estaba hecho y, extremada como era en todo cuando se salía de su ser, no consentía que el niño se separara de ella, lo cual tampoco era oportuno para quien había nacido para ser rey y, por tanto, educado como tal.

CAPÍTULO IX

Don Fernando en busca de un heredero para la corona de Aragón

Cuenta la historia que don Fernando tomó la decisión de internar a la reina por la violencia, en el castillo de Tordesillas, a seis leguas de Valladolid, y no les falta razón a los que así discurren pues, de grado, nunca se hubiera dejado sacar doña Juana de su refugio de Arcos, y cuánto menos para entrar en recinto amurallado. Pero, por su parte, con tantos quebraderos como tenía a costa de los nobles castellanos el Rey Católico, no podía dejar a su merced a reina tan propicia a desvaríos muy peligrosos para el buen gobierno de los reinos. En esta decisión pudo influir, no poco, el cardenal Cisneros, que fue siempre del parecer que la hija de los Reyes Católicos no servía para gobernar.

Tomada la decisión y en vísperas de emprender un largo viaje a Andalucía, se presentó don Fernando en el palacio de Arcos, serían las tres de la madrugada, y ordenó que despertaran a la reina para viajar. Se había

El rey Fernando en un detalle del cuadro «Testamento de Isabel la Católica», pintado por Eduardo Rosales.

traído consigo unas mujeres muy forzudas, por si su majestad no entraba en razón de lo que le convenía, pero no fue preciso recurrir a ellas pues doña Juana estaba en fase de melancolía y se resignó cuando le dijeron que le podrían acompañar sus dos hijos muy queridos, más el féretro de su marido del que no se separaba, pues entendía que en tanto no pudiera enterrarlo en Granada, conforme le había prometido, era su obligación tenerlo cabe sí. El destino quiso que el cadáver insepulto de don Felipe hubiera de viajar siempre de noche, pues cuando lo trasladaron de Burgos a Hornillos, y de allí a Arcos, era en lo más tórrido del verano, y mucho el calor para pasearlo de día por la estepa castellana; y en esta ocasión, que era de crudo invierno, dispuso don Fernando que había de ser de noche para no dar que hablar a los que pensaban que tenía a la reina prisionera, y que la traía y la llevaba a su antojo, según su conveniencia. De ahí la leyenda de las procesiones nocturnas a la luz de las antorchas.

Cuenta el cronista anónimo que en el momento de partir de Arcos, viendo el monarca tan ida a su hija, se conmovió profundamente y le acarició los cabellos diciéndole que todo aquello lo hacía por su bien y para que el día de mañana aquellos hijos suyos, tan queridos, pudieran ser tan buenos reyes como lo habían sido sus abuelos. A lo que doña Juana le replicó: «¿Y para ser buen rey es preciso ser mal padre?»

Tanto dolió a don Fernando este sentido reproche que no lo olvidó en los años que le quedaron de vida.

Cuando doña Juana entró en el castillo de Tordesillas tenía veintinueve años y allí había de permanecer hasta los setenta y cinco, a los que falleció. Dice el cronista anónimo que nunca una reina estuvo tanto tiempo en un mismo lugar y siempre reinando, «pues los cuarenta y seis años que allá estuvo siempre figuró como reina, pues así convenía a los intereses del reino». No se piense que hay ironía en la frase del cronista ya que es cierto que a don Fernando no le quedaba otro remedio que gobernar en nombre de su hija y otro tanto le sucedió a Carlos V, a quien por ser flamenco y no bien recibido por los españoles, le convenía gobernar conjuntamente con su madre, la reina, como así hacía figurar en todos sus reales decretos. «Dios, en su providencia —añade el cronista con el candor de un buen vasallo— quiso que nuestra señora la reina doña Juana viviera muchos años, para que primero don Fernando y luego don Carlos pudieran hacer por ella lo que ella no podía hacer por sí.»

Según François Ravier, escritor francés del siglo XIX, Fernando el Católico sólo visitó en una ocasión a su hija encerrada en el castillo de Tordesillas y fue para solicitarle sus joyas a fin de empeñarlas ya que el tesoro real, una vez más, estaba exhausto. Tal imputación carece de fundamento, entre otras razones porque la desgraciada reina de Castilla carecía de joyas que valiera la pena empeñar, y porque otras eran las ocupaciones del rey Fernando en los últimos años de su vida. La principal tener heredero que le sucediera en la corona de Aragón, para lo cual había contraído matrimonio con Germana de Foix, sobrina del rey de Francia, jovencísima doncella, a la que de un primer impulso logró dejar en estado dando a luz a un varón, en el 1510, que falleció a poco de nacer.

Germana de Foix, aunque muchacha de buen natural, había sido educada para ser madre de reyes y de ningún modo podía resignarse a no serlo; por su parte los consejeros aragoneses, que no veían con buenos ojos que fuera a ocupar el trono un Habsburgo, también encarecieron a su monarca que tentase de dejar a su joven esposa de nuevo en estado de buena esperanza.

Andaba don Fernando por los sesenta años, en todo muy lozano y activo, atendiendo a los negocios de estado con gran diligencia y poca pereza para viajar de un lado para otro como era costumbre de los reyes en aquella época. Con su joven esposa se mostraba muy amoroso y deseoso de caricias, aunque no acertaba a cumplir lo que natura exige para tener descendencia.

Eran tiempos en los que se hablaba con gran desenvoltura de todo lo relativo a la procreación, y en lo que a las testas coronadas atañe los cortesanos llevaban la cuenta de las relaciones amorosas entre sus soberanos, por la mucha importancia que tenía el que dieran fruto para la continuidad de las dinastías; de suerte que pronto se conocieran los apuros por los que estaba pasando el Rey Católico y fueran muchos a opinar.

El confesor de su Majestad Católica, el padre dominico Diego Fuertes, que haciendo honor a su apellido era hombre de notable temperamento, recomendó a don Fernando que no se fiase de médicos ni cirujanos, ni cuánto menos de brujas o curanderos, sino que todo lo fiase a la providencia de Dios, que si tenía dispuesto para bien de Aragón y de toda la cristiandad que tuviera descendencia, se lo haría ver del modo más conveniente, por mediación de san Ramón Nonato, santo catalán que debe su sobrenombre de Nonato, que quiere decir no nacido, al hecho milagroso de que fue extraído del vientre de su madre cuando ésta ya había fallecido.

Cumplió su majestad con todas las novenas, mortificaciones y abstenciones que le prescribió su confesor, sin que dieran el fruto apetecido, por lo que fray Diego Fuertes le hizo ver que bien claro estaba que la voluntad de Dios era que reinase en Aragón, al tiempo que en Castilla, y demás reinos de España e Italia el primogénito varón de Felipe el Hermoso, el príncipe Carlos. El monarca, que por aquellos años se mostraba muy piadoso, escuchaba con resignación al fraile, pero no así su regia esposa que se hizo aconsejar de mujeres moras, muy experimentadas en las prácticas del harén, quienes le preparaban sahumerios y otros embelecos para despertar el apetito genésico del rey. Cuando eso llegó a oídos del confesor real, reprendió a su majestad con mesura, pero con energía y aún se atrevió a más: le dijo que era sobradamente conocido desde los tiempos de Cicerón, que quienes habían gastado sus fuerzas en amores venales, fuera del legítimo connubio, perdían pronto la virilidad, mientras que los que se habían mostrado castos, según demanda natura, la conservaban viva hasta edades muy avanzadas. La reprimenda la aderezó con sentencias latinas, de los santos padres de la Iglesia, y con ejemplos de la Biblia, comenzando por el de Abraham.

El monarca, que como los más de ellos según costumbre, había tenido más amores de los convenientes, calló con aparente contrición por los pecados de su vida pasada, pero desde aquella fecha cesó el Diego Fuertes en su ministerio sacramental, y de allí a poco fue enviado a las Indias, dicen que como castigo por su atrevimiento.

Según una crónica fechada en la isla de Cuba en el año 1530, la llegada de fray Diego Fuertes a aquellas latitudes fue una verdadera bendición del cielo.

Andaban los dominicos por aquellos años muy contrarios al trato que daban los encomenderos a los indios de la isla, sujetándolos a esclavitud en contra de las disposiciones de la Corona, del parecer de los teólogos de Salamanca, y de las mismas Leyes de Burgos, que se habían promulgado para defensa de los nativos de aquellos inmensos territorios. Pero a los que iban allá a hacer fortuna poco se les daba de teólogos y pragmáticas, estando la mar océana por medio, y se entiende que así fuera si se considera que era presidente del Consejo de Indias, con poderes omnímodos, el obispo de Palencia, don Juan Rodríguez de Fonseca, que sin haber pisado aquellos pagos era el primer encomendero del reino. Como queda relatado en su lugar, este Juan Rodríguez de Fonseca era fidelísimo del rey Fernando, capaz de cualquier hazaña por servirle, tanto en organizar armadas por la mar, oficio más propio de vizcaínos que de obispos, como de atravesar Francia disfrazado de buhonero para concertar la boda de doña Juana con Felipe el Hermoso. Cuando falleció la Reina Católica fue quien mandó a su secretario, Lope de Conchillos, a sacarle la firma de poderes a doña Juana, de cuyo empeño salió sin la firma, pero contrahecho por la tortura a la que le sometió Felipe el Hermoso. A uno y otro pagó don Fernando su fidelidad con la sinecura del Consejo de Indias con el que ambos se enriquecieron.

No se movía un papel en las Indias sin la anuencia del Rodríguez Fonseca y de su secretario el Lope de Conchillos, y los únicos que se atrevían a enfrentarse a ellos eran los padres dominicos, por entender que les iba el alma si consentían en los desmanes que allá se cometían. Los más famosos de estos dominicos fueron el padre Pedro de Córdoba, hombre de tal apostura y belleza natural, que la modestia de su hábito de estameña no era a disimular los encantos de su vigorosa personalidad, y el padre Antón de Montesinos, de quien se decía que salía fuego de su boca cuando predicaba contra los abusos de los encomenderos. A ellos, pasado el tiempo, se uniría el más famoso de todos, fray Bartolomé de Las Casas, del que se hablará en su lugar.

Fray Diego Fuertes llegó a la isla de Cuba resentido por lo que a todas luces entendía ser castigo inmerecido, pero fray Pedro de Córdoba le hizo ver que lo que él tenía por castigo era más bien regalo de Dios, pues resulta más fácil ser santo entre los desheredados de la tierra que en la corte de los grandes de este mundo, que las más de las veces es una selva de pasiones, más peligrosa para el alma que la más intrincada de las selvas de aquella isla.

Acertó en el consejo fray Pedro, y el Diego Fuertes se incorporó a la batalla contra los abusos de los encomenderos, con no menos ardor que el fray Antón de Montesinos. Si no se había mordido la lengua a la hora de decirle lo que pensaba al monarca más poderoso de la cristiandad, excúsase decir su desparpajo en llamar a las cosas por su nombre cuando de miserables y torticeros encomenderos se trataba. Y por todo ello mereció la palma del martirio, bien supremo al que aspiraban los que en aquellos siglos de oro iban a misionar a tierras de salvajes, aunque en este caso el martirio no le vino de los paganos sino de quienes se decían cristianos.

Cuenta la citada crónica cubana que así como en La Española, hoy Santo Domingo, todo eran desgracias, en Cuba por contra eran venturas. En La Española, aparte del mal trato que recibían los indios, a cada poco les llegaba una plaga, bien de viruela, bien de sarampión, que pronto acababa con ellos. Las mujeres indias, ensombrecidas por tanta desgracia, no querían parir y tomaban cocimientos para acabar con los niños en su vientre, y a los varones les entraba tal tristeza que se dejaban morir y ni los más jóvenes tenían fuerza para procrear. Al diezmarse a tales extremos las haciendas, cuya única mano de obra eran los indios, comenzaron las escaseces y los hacendados españoles tenían que proveerse de Cuba, que estaba en el cenit de su prosperidad puesto que a ella no habían llegado, todavía, las plagas que asolaron La Española y otras islas menores.

De Cuba contaban y no acababan. Por entonces se ignoraba, todavía, si era isla o era la Tierra Firme de la que hablaba Cristóbal Colón en su diario. Cuando se supo que era isla, porque al fin la circunvalaron los navíos del gobernador Diego Velázquez, la comenzaron a llamar «La perla del Caribe» y con ese nombre ha llegado hasta nuestros días.

Según cuenta fray Bartolomé de Las Casas, en su condición de cronista de Indias, su largura era de trescientas leguas y su anchura, por la parte más amplia, de sesenta. Se podía discurrir por toda ella a cubierto de árboles, lo que la hacía más fresca y agradable que La Española. De esos árboles muchos eran cedros, como los de Castilla, pero del grosor de un buey y de tal altura que de ellos sacaban los indios canoas de una sola pieza, en las que cabían hasta setenta hombres y en ellas se atrevían a adentrarse en la mar océana. También abundaban unos árboles a los que llamaban estoraques, tan aromáticos, que pasear entre ellos era tener embargados todos los sentidos, no sólo el del olfato. Los indios acostumbraban por las noches a hacer fuego con sus ramas y se dormían en sus hamacas —aclara fray Bartolomé que no conocían las camas— embriagados con su aroma. Otros árboles eran los xaguas, que daban unos frutos en forma de riñones de ternera, de pulpa tan suave como la de las peras enmeladas. Dice el mismo cronista que toda la isla era montuosa, y plagada de parras montesas, pero buenas para hacer vino siempre que se cuidara de plantarla a resguardo de los vientos marinos, para que se convirtieran en domésticas y suaves. Las flores lucían por doquier, con más profusión que en la misma Andalucía, y por la banda sur se extendían unas isletas tan floridas y hermosas que cuando el almirante Colón las descubrió en su segundo viaje, las bautizó con toda justicia con el nombre de Jardín de la Reina. Concluye su relación Bartolomé de Las Casas diciendo que no lejos de allí debió de estar el paraíso terrenal del que nos habla el Génesis.

Considera quien suscribe, en su condición de cronista del siglo XX, que no es ajeno al orden del relato la antecedente descripción para que se entienda el amor que despertaba en quienes conocían aquellas tierras, y cómo se dolían del poco aprecio que de ellas hacían sus majestades y cuánto más se le daba a don Fernando el Católico dejar embarazada a su joven esposa, a fin de que el reino de Aragón tuviera un monarca de su gusto, que mirar hacia aquellos inmensos territorios que la divina providencia había puesto a su alcance.

Cuenta fray Bartolomé de Las Casas que en Cuba habían prosperado hasta extremos insospechados las cosechas de mandioca, de maíz y de caña de azúcar, así como las granjerías de yeguas, que daban más potrillos que huevos las gallinas extremeñas. Con la mandioca fabricaban el pan cazabe, alimento principal de los indios sujetos a encomienda, aunque los más cristianos de los hacendados también les daban media libra diaria de carne de puerco, como tenía dispuesto la Corona. Con el negocio de vender el pan cazabe a La Española y a las otras islas, se hicieron ricos muchos hacendados cubanos, pero como la codicia con nada se sacia, los hubo que quisieron sacar más provecho a sus encomiendas, mezclando a los indios con los negros que comenzaban a traer de África. A los negros, como más hechos a trabajar, se los tenía en mayor estima que a los nativos, y por cada uno de ellos se pagaba el precio de cinco indios. A un encomendero de los más codiciosos, llamado Tavira, fue a quien primero se le ocurrió cruzar un negro cimarrón de su propiedad con las indias jóvenes de su encomienda para sacar vigorosos mestizos que alcanzaran mejor precio en el mercado de esclavos.

Los negros, de suyo, repelían el trato carnal con las indias, por lo que el Tavira tuvo que obligar al cimarrón a hacerlo, ofreciéndole premios o la horca. Pero la que se ahorcó fue una joven india, cristiana, que no pudo soportar semejante humillación. Llegó la noticia a oídos de fray Diego Fuertes, quien montó en santa cólera y denunció al Tavira ante el gobernador Velázquez; le ayudó en el trance Bartolomé de Las Casas, que todavía no había profesado como dominico, sino que era un simple clérigo y no de los mejores, puesto que también tenía encomienda de indios. Pero como conocía a la joven ahorcada, porque él había sido quien la había cristianado, se sintió especialmente agraviado. Al gobernador Velázquez no le quedó más remedio que encerrar en prisión al Tavira, quien juró vengarse de fray Diego como así hizo en cuanto recuperó la libertad a no mucho tardar.

Se sirvió de un veneno muy sutil, que los indios extraían del maracure, que en pequeñas dosis hace enfermar al que lo toma produciendo la impresión de una disentería, enfermedad que, de primeras, padecían todos los que llegaban de Europa. Para darle la pócima mortal se sirvió de una mujer india que atendía la misión que los dominicos tenían establecida en la región del río Arimao. El fray Diego con aquella disentería se sentía morir, pero no por eso descuidaba su ministerio y por su propio pie, a veces arrastrándose, predicaba de lugar en lugar y, según obra en el proceso que se abrió para su beatificación, tanto sacrificio dio sus frutos, y en menos de una semana bautizó más indios que otros en un año. También se le atribuyen curaciones y milagros y el más señalado fue que la mujer india que lo estaba envenenando, conmovida ante tanta bondad, confesó el mal que estaba haciendo. Pero ya era tarde para cortar el curso de la mortal enfermedad y murió en unos pocos días más. Le dio tiempo para perdonar a la mujer y mucho encareció que si prendían al Tavira en ningún caso lo ahorcasen sin que antes se recibiera en confesión, y que le dijeran que también lo perdonaba a ejemplo de lo que había hecho Nuestro Señor Jesucristo con quienes lo ajusticiaban.

Sus últimas palabras fueron de gratitud para el rey Fernando que lo había hecho viajar a aquellas tierras, para encontrar en ellas una felicidad que nunca había sentido entre los regalos de la corte, y le dijo a Bartolomé de Las Casas que le hiciera llegar un escrito a su majestad diciéndole que si Dios en su infinita bondad le recibía en el cielo, hablaría con san Ramón Nonato para que le concediera el heredero que tanto ansiaba para el reino de Aragón.

Pero de poco sirvieron tan buenas disposiciones, porque el rey Fernando había tomado un camino torcido que había de conducirle a la tumba.

Tenía la reina doña Germana una doncella del linaje de los Alba, de nombre María Casares, que se daba especial gracia en hacerse querer de la gente y que supo ganarse la voluntad de su soberana. Con ello no perseguía otro lucro que presumir de su amistad con la reina y tomarse confianzas en público que a otros no consintiera. Sobre el famoso asunto de las deficiencias del rey Fernando para cumplir con el débito conyugal, se permitía picardías que escandalizaban a las otras damas de su séquito, pero no tanto a doña Germana, que había sido educada en la licenciosa corte francesa. Hasta se permitió decirle que tomara ejemplo de doña Juana, esposa de Enrique IV, rey de Castilla, quien permaneció infecunda durante seis años, y pese a que el doctor Jerónimo Münzer, de Nuremberg, dictaminó la impotencia de su regio esposo, acabó por tener una hija a quien bautizaron con el nombre de su madre, Juana, pero el pueblo por su cuenta la rebautizó como la Beltraneja, por el gran parecido que tenía con don Beltrán de la Cueva, hermoso caballero del séquito de la reina.

Entre bromas y veras todo le consentía doña Germana a la María Casares y de ahí no pasaba la cosa, hasta que un mal día le vino la doncella con el cuento de que en Medina del Campo había unas mujeres que hacían milagros, gracias a un bebedizo que empinaba el ánimo de los maridos más remisos. Contaban y no acababan de las hazañas que conseguían con ese afrodisíaco, y hasta se decía de caballeros que venían de Alemania y de Inglaterra para remediar su mal.

Admira al cronista del siglo XX que monarca tan

sesudo y con tantas luces como don Fernando se prestara a ingerir la pócima, y hasta cabe pensar si no la tomó disimulada en otros alimentos o bebidas, pero contamos con el testimonio de Bartolomé Leonardo de Argensola, aragonés, natural de Barbastro, poeta eximio, hombre de gran cultura y conocimientos, que alcanzó a ser cronista mayor del reino de Aragón, amén de clérigo piadoso, y que con gran dolor de su corazón admite que el monarca aragonés, de grado, tomó el afrodisíaco y hasta nos da el nombre de las dos mujeres que se lo facilitaron, María de Velasco e Isabel Fabra.

Estas mujeres eran curanderas con mucha fama como sanadoras de huesos rotos, pero siendo en extremo codiciosas como suelen serlo las de su condición, extendieron el negocio a los filtros de amor y que duda cabe que en alguna ocasión acertarían, según las disposiciones de los sujetos.

La María Casares, que lo que tenía de graciosa también lo tenía de ligera, las hizo venir a la corte, a la sazón en Valladolid, y les encareció que tenían que esmerarse con su majestad por lo mucho que iba en el empeño. Lo único que se sabe es que el afrodisíaco se componía de vísceras de oso, sazonadas con especias muy picantes que producían calores y rubores que, de primeras, parecían empinar el ánimo del varón. El tratamiento había de aplicarse durante quince días, sin desfallecer, siendo la María Casares la encargada de hacérselo tomar al monarca; cuando se mostraba remiso, quejándose de ardores en sus entrañas, la joven doncella le decía que pronto aquellos ardores tomarían otros caminos, para satisfacción de su señora doña Germana, y gloria del reino de Aragón en el plazo de nueve meses. Especial gracia debía de tener la tal María Casares porque consiguió que don Fernando cumpliera el tratamiento pese a las molestias crecientes en su interior, pero acabarlo y quedar postrado todo fue uno. Al cabo tuvieron que intervenir médicos y cirujanos, y a las dos curanderas les aplicaron mancuerda para que confesaran de qué se componía la pócima, por si hubiera algún contraveneno. Salvó la vida, pero durante un mes no pudo levantarse del lecho, y cuando lo hizo fue para mirarse en un espejo y al verse tan envejecido, exclamó:

«Cuántas gracias tengo que dar a Nuestro Señor Jesucristo que me avisa con prudente antelación que de aquí a poco voy a morir, que es el mayor favor que se le puede hacer a un cristiano. Tantos talentos como se ha servido darme, y no todos los he empleado en su santo servicio.»

Desde aquel día se preparó para una buena muerte y comenzó por hacer testamento con muchas disposiciones atañentes a su alma. En dicho testamento, que lleva fecha de 26 de abril del 1515, dejó un legado de cinco mil ducados para dotar a huérfanas sin fortuna, con la obligación para las beneficiadas de rezar por su alma. Otro tanto, y con la misma obligación, dispuso para el rescate de esclavos cristianos. Prueba de que no guardaba rencor a su regia esposa, pese haberle animado a tomar la pócima mortal, fue que le dejó una renta anual de treinta mil ducados, una verdadera fortuna para la época. Perdonaba a todos los que le hubieran hecho algún mal, y para ser él perdonado cuando compareciese ante el tribunal de Dios, disponía resarcir a quienes había dañado. A tal fin ordenaba que a la antigua reina de Nápoles se le devolvieran todas las propiedades privadas de las que había sido desposeída. También disponía que se le devolviera al almirante de Castilla una ciudad de la que, indebidamente, se había apropiado la Corona de Aragón; y se contenían diversas indemnizaciones a nobles perjudicados, la más destacada la que correspondía al duque de Gandía. En cuanto a las tierras de allende la mar océana encarecía que se mirase muy bien lo que se hacía con ellas, y que se cuidase el trato a los indios, en los que habían de ver al mismo Jesucristo Nuestro Señor, como así lo había dispuesto la Reina Católica, su augusta esposa.

Pero respecto de esto último merece dar paso de nuevo a fray Bartolomé de Las Casas que, por azares del destino, fue de las últimas personas que recibió su majestad poco antes de morir. El encuentro tuvo lugar en Plasencia el 23 de diciembre del 1515 y el rey Fernando moría justo un mes después, el 23 de enero del 1516.

Trae fama Bartolomé de Las Casas de haber sido en extremo apasionado y, según Menéndez Pidal, desequilibrado, que por su culpa se tejió la infame leyenda negra que viene padeciendo España desde el siglo XVI. Que fue apasionado él mismo lo admite en sus numerosos escritos, y en cuanto a lo de desequilibrado según lo que se entienda por tal. Cierto que su equilibrio se inclinó de la parte de los indios y si exageró en alguna ocasión fue para llamar la atención de los poderosos, al igual que hacen los abogados ante la corte pensando que con eso ayudan a sus defendidos.

Lo que no es tan conocido e interesa a los efectos de este relato es que fue un escritor en extremo prolífico, cifrándose su obra en cuatrocientos escritos, contenidos en más de tres mil pliegos en latín y en castellano, pues en ambas lenguas escribía con gran soltura. Sus enemigos —que sigue teniéndolos hoy en día abundantes— más bien lo consideran escribidor por la poca gracia que se da en la ordenación artística del relato, pero eso no es óbice para que se contengan hechos muy puntuales, contados con mucho detalle, que nos ayudan a conocer lo que fue la España en tiempos de doña Juana la Loca.

También es conocido por su condición de fraile dominico, pero conviene saber que profesó como tal a una edad avanzada, treinta y siete años, y que antes había sido buscador de oro en La Española y más tarde encomendero en la isla de Cuba. Se ordenó clérigo con más deseos de medrar al socaire de la sotana, que de atender a la cura de almas. Se dio tal arte para hacer compatible su ministerio sacerdotal con su condición de encomendero, que llegó a ser uno de los hacendados más ricos de la perla del Caribe, y sin ser de los más abusivos con los indios, bien que se lucraba a su costa alcanzando a disfrutar de una hacienda en el Canoreo que no desmerecía de la del mismo gobernador de la isla. Tenía criados que le abanicaban, se hacía traer las sotanas y los balandranes de Italia, de lino fino y de seda, dormía siempre en colchón de plumas de ave, y el tiro de su carruaje era famoso por la gran alzada de sus mulas, nunca menos de cuatro.

Con este regalo vivía hasta que llegaron los dominicos ya citados, Pedro de Córdoba y Antón Montesinos, y este último pronunció el famoso sermón del domingo cuarto de Adviento del 1511, en el que denunció las tropelías que cometían los españoles con los indios. Fue sonado el sermón porque se atrevió a predicarlo en una misa mayor a la que asistía, nada menos, que el almirante Diego de Colón, gobernador general de las Indias. Comenzó el fraile tomando pie del Evangelio, *«Ego vox clamantis in deserto»*, de suerte que el almirante y todos los altos dignatarios de su compañía pensaron que les iba a predicar sobre Juan el Bautista, de ahí su asombro cuando les aclaró que él era la voz de Cristo que predicaba en el desierto de aquellas islas, advirtiéndoles que todos ellos estaban en pecado mortal por la crueldad y tiranía que usaban con los nativos.

Eso sucedía en Santo Domingo, pero los dominicos se concertaron para llevar el mismo mensaje al resto de las islas, y cuando llegó a Cuba le tocó muy hondo en el corazón de Bartolomé de Las Casas, quien se sintió removido por aquellas terribles palabras. Pero no queriendo desprenderse de tantas riquezas como había conseguido, se resistió a aceptar el mensaje, y hasta tuvo palabras gruesas con el fray Antón Montesinos, hasta que durante una travesía en carabela desde el puerto de Xagua a La Habana, encontró su camino de Damasco leyendo el Eclesiástico, capítulo 34, aquel que dice que no se complace el Altísimo en la ofrenda de los impíos que retienen el salario del jornalero. Cuenta fray Bartolomé que en esas palabras se vio retratado, punto por punto, porque él era de los que hacía ofrendas a la Iglesia, hasta de cálices de oro, que había obtenido con el sudor y aun la sangre de los indios. Desde tal fecha hizo voto de pobreza, se desprendió de todos sus bienes y se dedicó a predicar sobre la injusticia de las encomiendas.

Pero como esto no le pareciera suficiente urdió viajar a España para hablar con su Majestad Católica y darle cumplida cuenta de cómo iban las cosas por aquel apartado rincón de su reino. Para este viaje encontró apoyo en los dominicos, que le dieron cartas de presentación, la más señalada la dirigida al arzobispo de Sevilla, fray Diego de Deza, también de la orden de predicadores, que tenía gran valimento cerca de don Fernando, de suerte que le recibió su majestad el citado día 23 de diciembre, víspera de la Navidad. Se admira fray Bartolomé en su relato de que don Fernando, que contaba poco más de sesenta años, en todo parecía un anciano, que no podía apartar las manos de un brasero que tenía cabe sí, y que constantemente le recorrían escalofríos por el cuerpo, pese a que la estancia estaba caldeada por una gran chimenea, en la que ardían gruesos troncos. Su majestad no quitaba el ojo a la chimenea, y cada poco hacía señas a dos criados para que removiesen los leños a fin de reavivar las brasas. Como fray Bartolomé no conocía lo del maléfico afrodisíaco, atribuyó aquel deterioro del monarca a las guerras y dolores que había padecido desde los trece años. La impresión que le produjo es la de un hombre que había vivido más de una vida.

Bartolomé de Las Casas, con el ardor de los neófitos, le expuso con gran rigor todos los daños que se estaban causando en las Indias, el sinnúmero de indios que perecían sin recibir la fe y cómo, de no acudir su majestad a poner remedio en breve, las islas quedarían desiertas y la Corona sin rentas. Dice fray Bartolomé que esto último lo entendió don Fernando muy bien y comenzó a hacerle preguntas muy sesudas sobre la administración de aquellos territorios. El fraile se despachó a su gusto y, según él fue la primera vez que el monarca aragonés cayó en la cuenta de que lo que había descubierto el almirante Colón era algo más que unas islas poco más grandes que las Canarias con algunos yacimientos de oro, que buenos eran. Concluye el fraile: «Mucho le insistí sobre las inmensas riquezas de almas, tierras y caudales de las que era soberano al otro lado del océano y cuántas rentas se podrían sacar de ellas si se trataba a los indios como súbditos y no como esclavos.» A lo que don Fernando le replicó:

«En el trance en el que me encuentro más debo mirar a las almas que me puedan ayudar a abrirme las puertas del cielo, que a las riquezas de este mundo que ya voy viendo en lo que acaban, pero como también me debo a mis reinos, no me parece mal remedio sanear aquellas rentas como vos decís.»

Y le prometió a fray Bartolomé que antes de finalizar la Pascua de Navidad se encontraría con él en Sevilla, sede del Consejo de Indias, para enmendar lo que estuviera mal hecho.

Fray Bartolomé nunca dudó que el Rey Católico hubiera cumplido su palabra, de no haberse topado con la muerte en el camino, precisamente en Madrigalejo, finca perteneciente al monasterio de Guadalupe al que se dirigía para postrarse a los pies de la Señora, para luego seguir a Sevilla.

CAPÍTULO X

DOÑA JUANA EN TORDESILLAS

No consta el tiempo que llevaba don Fernando en Plasencia, pero sí que desde esta plaza, en poco más de un mes, se cruzaron varios correos con Tordesillas trayendo y llevando noticias sobre la salud de la reina doña Juana.

Había puesto el Rey Católico al frente del castillo de Tordesillas a un aragonés de su confianza, mosén Luis Ferrer, quien entendió que su principal obligación era mantener con vida a su señora, para lo cual la obligaba a comer cuando se negaba a hacerlo. El mandato de mosén Ferrer duró siete años, que fueron de los más amargos en la vida de la reina si se pueden distinguir amarguras en medio de la mayor de ellas, la locura que día a día iba ganando terreno en la mente de la reina. Pero en sus momentos de lucidez, que seguían siendo muchos, no alcanzaba a comprender cómo aquel clérigo, más bien rudo, sin título alguno de nobleza, podía disponer de tal modo sobre su regia persona.

«Juana la Loca en Tordesillas», lienzo de Francisco Pradilla.

Don Felipe el Hermoso continuaba insepulto puesto que nunca se encontraba ocasión oportuna para enterrarlo en Granada como era deseo expreso del finado, y esta vez lo acomodaron en el monasterio de Santa Clara, hermoso edificio que se alzaba próximo al castillo. Como la única salida que le estaba permitida a doña Juana era para visitar los restos de su esposo, lo hacía con frecuencia para escapar de las lóbregas estancias del palacio, que más bien era una fortaleza con todo el aire de una prisión. Estas salidas fomentaron la leyenda de que la reina seguía loca de amor por su difunto esposo, y ojalá fuera cierta, porque las locuras de amor siempre son más gratas que las tortuosidades que prenden en quienes pierden la razón.

Lo único cierto, como queda dicho, es que doña Juana gustaba de traer a colación recuerdos de su esposo, siempre los más gratos, pero no más de lo que acostumbran a hacer otras viudas enamoradas, y todas parece que lo son cuando les falta el marido. En el caso de doña Juana era esto más notable porque, amores aparte, en vida de don Felipe siempre había recibido tratamiento de majestad y faltarle él y caer en prisión todo fue uno. ¿Cómo no había de recordar los tiempos en los que recorría las tierras de Flandes al frente de un cortejo triunfal, amazona sobre una rica mula enjaezada, recibiendo el vasallaje de sus nuevos súbditos? ¿Cómo no recordar la locura del encuentro con don Felipe en el monasterio de Lierre? De ahí que se pasara las tardes junto al regio túmulo evocando y suspirando.

Este túmulo se levantaba en el antiguo salón del trono ya que el monasterio de Santa Clara, con anterioridad, había sido palacio erigido por Alfonso XI, en el siglo XIV, hasta que su hijo, Pedro I el Cruel, lo convirtió en convento y lo cedió a las clarisas. Este salón del trono estaba muy bien orientado y soleado y en él se encontraba la infeliz reina más a gusto que en su tétrico castillo. También gustaba de asistir a los oficios de las monjas, que llevaban una vida de oración y contemplación, en todo muy medida y sosegada, y un día no pudo menos de exclamar:

«Si volviera a nacer, y de mi sola voluntad dependiera, en lugar de reina, más quisiera ser la más humilde de estas monjas, que se han desposado con un esposo que nunca ha de abandonarlas.»

Para su desgracia oyó este comentario el mosén Ferrer, que cuando salía del castillo no se apartaba de ella, y se le ocurrió decirle:

«¿Por qué tenéis que añorar, mi señora, lo que tan al alcance de vuestra mano está? ¿No recomienda, acaso, el apóstol san Pablo para las viudas el que vivan en todo recogidas? ¿Y es que acaso no podemos vivir en nuestro castillo tan recogidas como estas santas monjas?»

Y desde aquel día dispuso que se viviera en el castillo con las virtudes del monasterio y hasta escribió al rey, muy ufano, contándole que gracias a la disciplina monacal conseguía que doña Juana llevara una vida muy arreglada, aunque tuviera que darle cuerda para comer como hacían los buenos priores con los monjes que se mostraban díscolos.

Tan a pecho se tomó mosén Ferrer su papel de prior de un monasterio inexistente, que hace dudar que estuviera en su sano juicio, pues no se comprende que no discurriera que la vida monacal buena es para los que son llamados por Dios a ella, pero más contraria no puede ser para los que no tienen semejante vocación.

Tan contraria le resultó a doña Juana que tomó asco a los oficios divinos y hasta se negó a asistir al Santo Sacrificio de la Misa, todo ello en medio de grandes ataques de cólera, de manera que el mosén Ferrer, con anuencia del doctor Soto, médico de la corte, acordó llamar a un clérigo de Burgos, con fama de exorcista, para que le sacara los demonios del cuerpo. No obtuvieron ningún fruto, escribió el mosén a su Majestad Católica, porque la reina no se prestó a ello y hasta tentó de descalabrar al clérigo sirviéndose de un taburete. Y termina esta carta el mosén tranquilizando al rey Fernando de que, por lo demás, de su salud corporal seguía bien, y hasta lustrosa, salvada la faz, que la tenía desvaída y angulosa y los ojos tristes. Con lo que queda claro que mosén Ferrer, con tal de mantener con vida a doña Juana, para que continuara siendo reina y, por tanto, su padre pudiera seguir gobernando en Castilla como regente, todo lo daba por bueno.

Cuando don Fernando, como consecuencia de los maléficos efectos del afrodisíaco sintió que sus días llegaban a término, se dispuso a visitar a su hija en Tordesillas, quién sabe si para pedirle perdón por el rigor con el que la había tratado, pero el mosén le encareció por carta que no lo hiciera y que considerase que doña Juana era como una novicia, recién profesa, y nada podía ser más contrario para la perseverancia de éstas que el recibir visitas de los padres o allegados.

Aunque no es de creer que tan necia consideración hiciera mella en el ánimo del monarca, lo cierto es que no llegó a ir a Tordesillas, ya que la muerte le sorprendió en el camino de Guadalupe. Le sorprendió relativamente porque avisado debía estar, desde el momento en que justo el día de la víspera, el 22 de enero del 1516, dictó su último y definitivo testamento, en el que se contienen disposiciones muy puntuales. Según un testigo de presencia, Galíndez Carvajal, el monarca se mostró con gran lucidez, sólo atento a mirar al bien de su alma y al de sus reinos. Por eso aceptó designar como heredero del trono al príncipe don Carlos, pese a la poca confianza que le merecía quien había sido educado en la corte del emperador Maximiliano, y que tan poco interés había mostrado por el reino de su madre, que ni siquiera sabía hablar una palabra de castellano. Por su gusto hubiera designado al príncipe Fernando, educado a su vera, pero sus consejeros, entre ellos el citado Galíndez Carvajal, le hicieron ver que eso sería tanto como enemistarse con los Habsburgo y quién sabe si provocar una guerra civil. Y por paradojas de la vida, el «Habsburgo», príncipe Carlos, acabó siendo un buen rey de España y su hermano, el español Fernando, emperador de Alemania.

En lo que atañe a su hija Juana dispuso que no se le diera cuenta de su muerte para que todo siguiera igual y pensara que era su padre quien seguía gobernando en Castilla, en su nombre. Y en este punto se equivocó y en mucho perjudicó al quebrantado ánimo de su hija, que en los cuatro años que duró el engaño no alcanzaba a comprender que su padre nunca dispusiera de tiempo para ir a visitarla, mayormente cuando la corte tenía como residencia principal Valladolid, a media jornada de Tordesillas.

En compensación tomó otra buena disposición: encareció al cardenal Jiménez de Cisneros, a quien nombró regente en el mencionado testamento, que prescindiera de los servicios del mosén Ferrer en el palacio de Tordesillas, y que en su lugar nombrara a un caballero, que sin ser clérigo o fraile, tuviera temple para sobrellevar con paciencia los cambios de carácter de quien no siempre se encontraba en sus cabales.

Este Jiménez de Cisneros, pese al enorme poder que ostentaba, nunca dejó de ser un hombre benéfico y se esmeró en cumplir este encargo y, como se verá, acertó plenamente. Como primera medida solicitó un informe al depuesto mosén Ferrer, pidiéndole cuentas de su gestión, y el hombre por toda defensa arguyó que si bien la reina, por su edad, estaba en condiciones de volver a casar y prendas le sobraban para ello, le faltaba la más principal, que era el discernimiento, por lo que siendo viuda siguió el consejo de san Pablo y la hizo vivir con gran recogimiento. Y pensando que al cardenal, por ser fraile, le habría de gustar especialmente, le detallaba cómo había convertido el palacio en un convento de los más rigurosos, todo ello con detalles tan necios que le faltó tiempo al cardenal Cisneros para ordenarle salir del castillo, a lo que el mosén replicó:

«¿Así se me pagan los años que he dedicado a sus majestades y el arte que me he dado en mantener a la reina lustrosa, siguiendo el mandato que recibiera de su Majestad Católica?»

El cardenal Cisneros, que era en extremo africanista, muy empeñado en acercar a tantos infieles a la fe de Cristo, y que por aquellos años andaba defendiendo la bandera de Castilla en las plazas del norte de África, le contestó que le iba a pagar como se merecía quien tanto celo mostraba por la vida religiosa; y le envió a misionar a Argel, que estaba siendo acometida por Horuc Barbarroja. En una de esas acometidas fue herido de muerte el mosén Ferrer, quien murió agradeciendo al cardenal Cisneros que le hubiera dado la oportunidad de consumar de manera tan gloriosa una vida dedicada al servicio de la Corona de Aragón.

La siguiente medida fue enviar a Tordesillas a doña María de Ulloa, aquella que antes de la venida del Rey Católico a España fuera dama de la mayor confianza de la reina, quien quedó espantada de las trazas de su señora. «Dicen que por su gusto está en un aposento interior —escribió al cardenal—, porque sus ojos no soportan la luz, lo cual no es de extrañar ya que cuando no quería comer disponía el camarero mayor que la encerrasen en un cuarto oscuro hasta que cambiara de parecer. Algún provecho sacó de eso para su cuerpo, que no anda escaso de carnes, aunque más bien flojas por el poco ejercicio, ya que últimamente ni al monasterio de Santa Clara se le consentía ir para que no desvariase delante del túmulo de don Felipe, que Dios tenga en su gloria. Pero el desvarío le venía por otras trochas, y en todo lo demás la he encontrado peor que cuando la dejé. Así que me vio me reprochó el que de tal modo la hubiera abandonado y aunque yo le hice ver que no había sido por mi gusto, sino por atender a mis obligaciones en la corte del rey, no pude por menos de romper a llorar amargamente, a lo que ella correspondió con igual llanto, lo que según su camarera hacía años que no sucedía, ya que por muy furiosa que se pusiera siempre tenía los ojos secos y alumbrados. En conservarle la vida habrá acertado el mosén don Luis Ferrer, pero en lo demás no tanto, aunque dice el doctor Soto, que es quien mira por su salud, que el mal lo lleva dentro de sí, y que antes o después habría de aflorar aunque no estuviera entre los muros de un castillo. Este doctor estaba muy concertado con el mosén Ferrer y muy convencido de que el mal de nuestra señora no tiene remedio y, por tanto, entiende que ya hace mucho de mantenerla en vida.

»Si el estado de nuestra señora mueve a compasión, otro tanto ocurre con la princesa Catalina que, a punto de cumplir nueve años, no conoce el mundo fuera de este castillo. Cuanto haga vuestra eminencia por mejorar la suerte de nuestra señora, no dude de que será obra de gran justicia y gratísimas a los ojos de Nuestro Señor Jesucristo.»

No cayó en saco roto la recomendación de esta dama y el cardenal discurrió y se ocupó en buscar a la persona idónea, hasta dar con el caballero Hernán Duque, a quien convenció para ser el alcaide del castillo de Tordesillas. Le costó lo suyo convencerle porque este caballero, cumplido que había los cuarenta años, tenía decidido profesar como fraile franciscano.

Era hombre de agraciada presencia, de ojos claros, frente erguida, y muy aficionado a las humanidades; desde pequeño sintió la llamada a la vida religiosa, pero por ser el primogénito de una familia noble se vio obligado a seguir la carrera de las armas, participando en el 1507 en la conquista de Mazalquivir y en el 1509 en la de Orán. En esta última hicieron prisionero a un alabardero de su compañía, hombre humilde, padre de siete hijos, a quien los moros dijeron que pensaban degollar porque siendo de familia de labradores, y pobre, nadie pagaría por su rescate. Cuando se enteró el Hernán Duque, a través de un vendedor de noticias les hizo llegar a los moros el siguiente mensaje:

«En dineros no sé cuánto valdrá ese buen soldado, pero en virtudes vale un tesoro quien ha sido capaz de traer al mundo siete hijos, todos buenos y temerosos de la ley de nuestro Dios, que no es distinto del vuestro. Dadme un plazo de quince días para encontrar la suma del rescate, y si no la encuentro me ofrezco yo en su lugar que, al cabo, como no tengo ni mujer ni hijos que me lloren, mi muerte será menos sentida.»

El bey que le había tomado prisionero era un pirata, de nombre Ben Alhajib, que había logrado organizar una banda armada con la que se dedicaba a hacer presas por mar o por tierra, por las que pudiera obtener rescate. Los reyes moros se lo consentían porque también sacaban algún provecho de sus piraterías.

El bey, por el mismo vendedor de noticias, le devolvió el mensaje diciéndole que quince días era un plazo demasiado largo, habida cuenta de que el ejército moro estaba en retirada hacia las montañas, pero que si el caballero Hernán Duque hacía el trueque de su persona por la del alabardero, esperaría cuanto hiciera falta el pago del rescate.

Todos estos tratos los llevaba secretamente el Hernán Duque porque sabía que ni el gobernador de la plaza conquistada, ni sus mismas tropas, habían de consentir que se entregara al enemigo. Por eso se servía de vendedores de noticias, pobre gente que se ganaba la vida —y con frecuencia la arriesgaba— trayendo y llevando noticias de un bando a otro, por unas pocas monedas. Resultaba un oficio muy peligroso porque no era extraño que cuando la noticia no era del agrado de quien la recibía, les cortasen el cuello.

Cumplió lo prometido el Hernán Duque y aquella misma noche se presentó en el campamento moro, poniéndose a disposición del bey Alhajib, quien se quedó admirado y le trató con todo género de consideraciones, no sólo por el dinero que pensaba obtener, sino porque no se conocía de ningún capitán que hubiera hecho tanto por uno de sus soldados.

Cuando el alabardero, que se llamaba Tomás Cuesta Rodríguez, se encontró en la presencia de su capitán y supo a lo que venía, se echó a sus plantas y en medio de grandes lágrimas le dijo que de ningún modo podía consentir el trueque, y pedía que allí mismo le dieran la muerte y que el caballero recuperase la libertad. «Es de las pocas cosas hermosas que se ven en una guerra —escribió el fraile mercedario a quien tocó intervenir en esta redención—, el que dos se disputen quién debe morir para salvar la vida del otro.»

El bey, pese a ser hombre de duro corazón como corresponde a los de su condición, se sintió conmovido y le dijo al Tomás Cuesta:

«No hagáis inútil el sacrificio de vuestro capitán, a quien de ningún modo pienso soltar, ya que su precio es veinticuatro veces superior al vuestro.»

Esto lo decía porque desde la guerra de los Cien Años, según se recoge en la *Crónica General,* se habían establecido unas tarifas para el rescate de prisioneros; por el soldado de a pie se pagaba un mes de sueldo, por el hombre de a caballo que portase arma de fuego, tres sueldos, por el oficial seis, y por el capitán doce. Como además la soldada del capitán era el doble que la del infante, de ahí la cuenta que había echado el bey moro.

El Hernán Duque hizo levantar del suelo al alabardero y le dijo que no se preocupase por su suerte, que pronto se encontraría el dinero de su rescate, para lo cual él tenía que regresar al campamento cristiano y ponerse en comunicación con los padres mercedarios, que eran quienes se ocupaban de la redención de cautivos.

El asunto de Hernán Duque fue muy sonado en todas las plazas del norte de África y si bien los más se admiraron de su heroico desprendimiento, no faltaron, sobre todo entre los capitanes y generales, quienes lo miraron con malos ojos, pues nunca un capitán debía entregarse al enemigo para salvar la vida de un inferior. Muy por el contrario, debían ser éstos quienes ofrecieran su vida por sus superiores, para el buen gobierno de los ejércitos.

Desde el siglo XIII funcionaba en toda la cristiandad la Orden de la Santísima Virgen María de la Merced de la Redención de los Cautivos, asociación de varones que llevaban una vida religiosa en común y consagraban todos sus haberes a la redención de cautivos en mano de los moros, para preservarlos de la apostasía de la fe. A partir del siglo XIV se convirtió en orden clerical y sus monjes, muy heroicos y arriesgados, mediaban cerca de los sarracenos para negociar los rescates. Por eso no era extraño verlos discurrir con sus hábitos blancos y sus cruces enmarcadas en cuatro barras rojas, que era el escudo mercedario, entre los campamentos y ejércitos sarracenos. En aquellos años la hacienda de la Orden estaba muy saneada ya que por disposición real disponían de las rentas del señorío de Algar, que eran muy cuantiosas. No obstante, el general de la Orden dispuso que perteneciendo el Hernán Duque a familia noble con tierras en la parte de Aranda de Duero, de allí debía salir el dinero del rescate, y así se lo comunicaron al padre, un anciano caballero.

Estos rescates se llevaban con lentitud y la misión de los mercedarios era negociar con los aprehensores el precio de la redención, y el bey se descolgó pidiendo mil quinientos escudos de oro, cifra desorbitada incluso para un caballero tan cumplido como Hernán Duque. El fraile encargado del negocio era un gallego llamado Antonio Ceiriño, de la parte de Orense, quien visitó en más de una ocasión a Hernán Duque en el poblado en que estaba preso, en el macizo del Muryayo. Ben Alhajib se hacía llamar bey, título que correspondía a los gobernadores de las ciudades turcas, pero no pasaba de ser el jefe de una tribu berebere asentada en tiendas de campaña, cuando no andaban por la mar con sus piraterías.

El fraile gallego le hacía ver al pirata que ese dinero nunca se había pagado por ningún soldado y Hernán Duque, que asistía a los encuentros, le decía que su padre, si bien de noble condición, no era hombre rico, y que ni siquiera vendiendo todas sus tierras alcanzaría a reunir semejante suma. A estas reuniones asistía con una cadena sujetándole el tobillo y en el extremo una bola de hierro muy pesada, para mover a compasión al fraile.

Pero el bey insistía:

«Lo que no puede allegar el padre con sus tierras que lo ponga la Orden de la Merced, que buenas rentas tiene. En lo que a mí toca no tengo prisa y estoy muy a gusto teniendo como huésped a caballero tan letrado, que me entretiene contándome cosas tan hermosas de vuestra religión, que más peligro corro yo de hacerme cristiano, que él de apostatar.»

Lo decía en medio de grandes risas, porque se le daba poco de cualquier clase de religión, y no se recataba de tomar bebidas alcohólicas, hasta emborracharse, pese a que la suya lo prohibía. Fray Ceiriño en cada visita le llevaba un licor que fabricaban en la

Orden, muy del gusto del pirata, y así se fue ganando su favor hasta conseguir que redujese la cifra del rescate a mil escudos de oro, que seguía siendo una cifra muy alta, y no acababa de llegar de Aranda de Duero.

Fray Ceiriño, que se sentía ganado por la virtud y resignación del caballero cristiano, tentaba de que la Orden pusiera algo de su parte, pero el fraile ecónomo le decía que el general había dicho que no, y que no estaría bien gastar los dineros de la Orden en quien por su gusto se había entregado al enemigo. Este fraile había sido antes militar y era de los que no veía con buenos ojos lo que había hecho el Hernán Duque.

Al fin llegaron los mil escudos de oro de Aranda de Duero y cuando se enteró Hernán Duque, se admiró de que su padre hubiera podido reunir tanto dinero y se condolía de que por su culpa se hubiera arruinado.

Durante el cautiverio, que duró casi un año, fray Ceiriño atendió espiritualmente al recluso en sus visitas y cuando supo de sus deseos de profesar en religión le animó a entrar en la Orden mercedaria. Pero cuando fue a buscarlo al Muryayo, para devolverlo a Orán, cambió de parecer y le dijo con toda sinceridad:

«De la bondad de vuestro corazón pocas dudas tengo después del trato que llevamos, pero de vuestro juicio para andar en los negocios del mundo no estoy tan cierto. En este negocio no habéis hecho nada a derechas, pues nos ha costado mil lo que podía haberse conseguido por cincuenta, y en la Orden de la Merced para servir bien a Dios, y por Él al prójimo más desamparado, tenemos que andar manejando dineros y darnos gracia para trampear con unos y con otros aun a riesgo de nuestra vida. Y aunque muestras habéis dado de en cuán poco tenéis la vuestra, eso no basta. Considerad que somos como los tratantes de ganado, con la diferencia sublime de que nosotros tratamos con almas, y eso nos obliga a mucho. Mi consejo es que obtengáis cuanto antes la licencia y marchéis para vuestra tierra, buscad una Orden religiosa en la que los frailes vivan muy recogidos, entregados a la contemplación y al estudio, que es lo que corresponde a las almas cándidas, como la vuestra.»

Y fue quien le aconsejó que profesara en la Orden de San Francisco, en la que con tanto acierto se conciliaba la humildad y la pobreza evangélica con el estudio de las Sagradas Escrituras.

Agradeció el caballero el consejo y poco le costó conseguir la licencia, ya que el gobernador de Orán no tenía demasiado interés en contarlo entre sus capitanes después de lo sucedido. Embarcó en una carraca rumbo a Algeciras y nada más desembarcar le llegaron noticias de que su anciano padre se encontraba en el lecho de muerte y no quería morirse sin abrazar a hijo tan querido. Los Duque tenían casa solariega en Berlangas de Roa, orilla del río Duero, y allá se encaminó el caballero a uña de caballo, llegando a tiempo de abrazar a su padre y de escuchar de sus labios su última voluntad: el dinero del rescate lo había obtenido aceptando la dote de una doncella, de nombre María Micaela, hija de unos labradores ricos, medio hidalgos, con la que le había comprometido en matrimonio. Excúsase decir el pasmo de quien venía dispuesto a profesar en orden religiosa y mendicante, y se encontraba obligado a desposar a doncella desconocida, pero con mucha hacienda. Este Hernán Duque sólo tenía una hermana ya casada y con hijos, a quien confesó cuando de allí a poco murió su padre:

«Más quisiera seguir cautivo con los moros que padecer el cautiverio de la vida matrimonial, dulce yugo para quien es llamado a él, pero penoso calvario para quien tiene otras miras.»

Y dicen que es la primera vez que se arrepintió de su precipitación en trocar su vida por la del alabardero.

Por ser tiempos en los que los padres, y no sólo los de regia condición, concertaban los matrimonios de los hijos, no se le ocurrió discutir la decisión del suyo máxime cuando lo había hecho por salvarle la vida. Contaba a la sazón el Hernán Duque treinta y cinco años, y la María Micaela no había cumplido los veinticinco. El que hubiera llegado a esa edad doncella siendo hija única de los más ricos del lugar obedecía a la precariedad de su salud, ya que padecía auras epilépticas que se manifestaban en forma de convulsiones. Pero un cirujano árabe de renombre determinó que la vida matrimonial y los posibles embarazos podían remediar o, al menos, mejorar su mal y fue cuando sus padres decidieron casarla. Coincidió esta decisión con los apuros que estaba pasando el padre de Hernán Duque, quien para reunir los dineros del rescate se dirigió al rico hacendado con intención de venderle o darle en prenda sus tierras. Este labrador, hombre sencillo, le confesó la verdad: aun teniendo en mucho los blasones de la casa de los Duque, en más tenía la bondad de las que había dado muestras su hijo. El cirujano árabe les había dicho cómo convenía la vida conyugal para la salud de su hija, siempre que el marido elegido supiera ser moderado en el uso del matrimonio y paciente durante las adversidades de su salud. Y así fue como se cerró el trato.

Cumplió Hernán Duque en todo lo debido y hasta consiguió dejar en estado de buena esperanza a su delicada esposa, mostrándose como amantísimo esposo durante el embarazo que alcanzó el octavo mes, en el que dio a luz una niña que murió al poco de nacer; de resultas del parto la madre contrajo unas fiebres y también falleció. Hernán Duque la lloró sinceramente porque María Micaela resultó ser una dulcísima esposa, profundamente enamorada de su marido. En el año y medio que duró el matrimonio no sufrió ninguna convulsión epiléptica, y desde que se quedara en estado no había mujer más feliz en este mundo. Cuando le dieron sepultura Hernán Duque entendió que Dios, de una vez por todas, le había hecho ver lo que daba de sí la felicidad de este mundo, y con las mismas se dirigió al noviciado que tenían los franciscanos en Valladolid para solicitar la admisión. El padre prior se alegró de tener entre ellos a caballero de tantas prendas, de cuya bondad se hacía lenguas la gente, sin por ello dejar de someterle a las pruebas por las que debían pasar todos los postulantes.

Este padre prior era también el director espiritual del cardenal Jiménez de Cisneros, que no por ser el hombre más poderoso de España dejaba de estar sujeto a la disciplina de la Orden a la que pertenecía. Por este trato entre ambos prelados se enteró el cardenal de la existencia de Hernán Duque y entendió que reunía todas las condiciones para hacerse cargo de la infeliz reina de Castilla. El padre prior, mirando por el bien de la Orden, se resistía a perder a tan ilustre postulante, pero el cardenal le hizo ver que el bien de la Orden pasaba por el bien de España y cuánto importaba tener en buena salud a quien seguía siendo reina pese a la flaqueza de su entendimiento. «Que sea él mismo quien lo decida, y que el Espíritu Santo nos ilumine a todos», determinó el prior.

Cuando el prior comunicó a Hernán Duque lo que pretendía de él Jiménez de Cisneros, replicó que por nada de este mundo estaba dispuesto a abandonar los muros del convento, cuyas delicias había probado en aquellos pocos días, y había entendido que ése, y no otro, era el camino que Dios quería para él. El prior le dijo que en cuestión tan delicada no podía nadie forzar su voluntad, pero le rogó que pidiese luces al Altísimo, y que no mirase tanto a su deleite, como al bien de las almas.

Obedeció el postulante, se pasó un día, con su noche, en la capilla del Santísimo, sin apenas comer ni beber, bien sujeto el cilicio a su cintura, cuando fue requerido a presencia del cardenal Cisneros, que le esperaba en la sala capitular del monasterio. El cardenal en sus continuos desplazamientos por el reino gustaba de visitar los conventos de la Orden, decía que para no olvidar dónde estaban sus raíces, pero también para cuidar que no se perdiera el espíritu de la reforma franciscana, ya que antes de ser cardenal había sido visitador y vicario general de la Orden, y tenía en mucho que por nada se relajara la observancia franciscana.

Contaba a la sazón el cardenal Cisneros ochenta años, que para aquella época eran muchos años amén de muy trabajados, pero no por eso le fallaba la lucidez de su mente ni la agudeza de su mirada, y le razonó de manera que venció la resistencia del caballero. Le hizo ver que él también gustaba de vivir las austeridades de los primeros franciscanos, y que recordaba como los años más felices de su vida aquellos que había podido disfrutar de la observancia más rigurosa en los recónditos eremitorios de El Castañar y La Salceda. Pero cuando la Reina Católica le sacó de tales dulzuras para hacerle su confesor y más tarde arzobispo de Toledo, sabía que en ello estaba la voluntad de Dios, que siempre acierta a escribir derecho con renglones torcidos. Le arguyó que muchos caballeros, de los más principales del reino, se disputarían el ser gobernadores del castillo de Tordesillas, porque siempre se saca provecho cuando se anda cerca de las majestades, por eso buscaba un caballero que sirviera a la reina sin buscar otro provecho que el de agradar a Dios. Y acabó por confesarle que él nunca acertaba en el trato con doña Juana y aun antes de tener la cabeza tan perdida, bastaba que ella dijera blanco, para que a él le pareciera negro. También le dijo que se temía no haber estado muy acertado en la propuesta de matrimonio que le hiciera el rey Enrique VII de Inglaterra, que a saber si no hubiera sido otra la suerte de doña Juana de haberse marchado a reinar a Inglaterra, en lugar de quedarse encerrada en Tordesillas. Se acusaba de no haber sido diligente en este asunto y haber puesto poco de su parte en llevarlo a buen término. Y concluyó diciéndole que al punto que habían llegado, convencido como estaba de que ya el mal de su cabeza no tenía remedio, el único servicio que podía prestar a su majestad era poner cerca de ella a quien la tratara con cariño y tuviera mucha paciencia en soportar sus arrebatos, como expresamente le había pedido el Rey Católico en su lecho de muerte.

CAPÍTULO XI

El caballero Hernán Duque, ángel tutelar de doña Juana

Se rindió Hernán Duque a tantas razones y en el mes de marzo del 1517 se hizo cargo de la intendencia del castillo y no pudo entrar con peor pie. Era el comienzo de una primavera radiante, pero de esas que en su mismo esplendor alteran más a los que no están en sus cabales. La sangre todavía joven de doña Juana le bullía en su encierro y todo se le iba en tratar con malos modos a los que la rodeaban.

En uno de los días peores, la reina maltrató de palabra y de obra a una doncella que le había hecho daño al peinarla, y a los lamentos de ésta compareció el Hernán Duque, que no andaba lejos de allí, recomendándole mesura, a lo que doña Juana respondió clavándole una peineta en la mejilla. Bien sabía la infeliz mujer que estas hazañas iban seguidas de encierro en su celda y, a veces, parecía que buscaba el castigo como si en ello encontrara alguna complacencia. O

Panorámica de Tordesillas.

quién sabe si la complacencia estaba en ser apartada de las gentes.

Pero en esta ocasión el caballero se limitó a restañarse la herida y pidió permiso a la reina para retirarse de su presencia, todo ello sin un mal gesto.

Al día siguiente se mostró Hernán Duque como si nada hubiera pasado y la reina, más sosegada, fingió sorprenderse: «¿Seré yo, acaso, quien os ha hecho esa señal en la cara?»

El caballero no dijo ni sí, ni no, y la reina compungida le acarició la mejilla sentidamente, a lo que Hernán Duque respondió:

«Si con una mano me habéis herido, con la otra me habéis sanado más de lo que merece el más humilde de vuestros servidores.»

Desde aquel día comenzó un trato entre la reina y su guardián tan fluido y con tan buenos modales, que apenas se notaba el desequilibrio de su majestad. Como ya queda dicho que el caballero era aficionado a las humanidades y la reina buena latinista, gustaban de departir en latín, lengua que su majestad no hablaba desde que regresara de Flandes.

La villa de Tordesillas, emplazada en el valle del río Duero, era muy famosa en el siglo XVI por sus viñedos, cuyo verdor al llegar el estío contrastaba con la sequedad de los páramos castellanos que la circundaban. Todo en ella tenía un aire muy ameno, por la frondosidad de los árboles de sus riberas y el rumor constante de las aguas de uno de los pocos ríos caudalosos que cruzan la meseta castellana. El edificio más notable era el monasterio de Santa Clara, y en él seguía el cadáver de Felipe el Hermoso, pero ya en una capilla aneja a la iglesia principal, en la que la reina seguía rindiéndole culto, pero no más, como declaró la abadesa del monasterio en su momento, que el que se debe a los seres que nos han sido muy queridos y cuyos restos están a nuestro alcance.

El gran cambio en la vida de doña Juana fue que salía y entraba del castillo en los días soleados, bien a pasear por la ribera del Duero, bien para galopar por los pinares que en aquella época se extendían hasta Salamanca. La reina era excelente amazona pues no en balde se había pasado su infancia sobre un caballo, acompañando a la Reina Católica en sus avatares por el reino de Granada, por lo que estaba muy hecha a la vida al aire libre y aquel cambio no pudo por menos que beneficiarla.

Cuidaba el Hernán Duque de no perderla de vista en estas salidas, pero no tenía mucho que esforzarse en ello por ser doña Juana la que cuando lucía el sol le solicitaba:

«¿Cómo así, mi caballero Hernán Duque, que no salimos a disfrutar de tanta hermosura como nos brinda el Señor?»

Los que bien la querían, como doña María de Ulloa, estaban muy felices con el cambio y no se cansaban de alabar el acierto del nuevo alcaide. Pero los había que entendían que a nada bueno podía conducir dar tantas libertades a quien no estaba en su sano juicio. Y un episodio que sucedió en el mes de agosto pareció que vino a darles la razón. Nos lo cuenta doña María de Ulloa en escrito dirigido al cardenal Cisneros.

«Nuestra señora, la reina, se mostraba muy pacífica desde que tuvimos entre nosotros al señor Hernán Duque, a quien natura le ha dotado de una especial gracia para pacificar a las almas. De él se cuenta que estuvo casado con una rica hacendada de Aranda de Duero, que padecía de convulsiones, pero matrimoniar con el caballero y cesar el mal todo fue uno. Y otro tanto se puede decir de nuestra señora, que con peores modos no pudo recibirlo y, sin embargo, pronto se calmó y por darle gusto al caballero conserva siempre las formas y dignidad que corresponde a su regia condición. Las salidas al campo también han sido muy provechosas, y de ellas vuelve nuestra señora con las mejillas arreboladas y el apetito mejorado. Eso no quiere decir que no tenga sus desvaríos y uno de ellos le dio un día que amenazaba tormenta y el Hernán Duque le dijo que no convenía que salieran a pasear y cuánto menos a caballo, porque los campesinos de la región temían alguna avenida del río, que ya venía caudaloso por las aguas que habían caído en las montañas. Pero la señora hizo caso omiso del consejo y en un descuido del caballero tomó un caballo y se fue sola, campo a través.

»El escapar sola ya sabe vuestra eminencia que no es la primera vez que lo hace, sobre todo con los cambios de la luna, o los barruntos de tormenta, que es cuando más se le altera el ánimo. Pero nunca lo había hecho en ocasión de tanto peligro, porque acertaron los campesinos y riada hubo que asoló muchos de los predios ribereños y se cobró algunas vidas de animales, aunque por fortuna no de personas.

»Cuando el alcaide fue advertido de la salida de la señora ordenó ir en su busca, él a la cabeza y como más conocedor de los lugares por los que le gustaba discurrir fue el primero en dar con ella cuando tentaba de atravesar un arroyo que venía muy crecido, por Torrecilla de la Abadesa, y al sentir aquel tropel de gentes en su busca, forzó al caballo, que se negaba a entrar en aguas tan revueltas, y salió despedida por encima de las orejas. El caballero Hernán Duque descabalgó y pudo hacerse con la señora no sin que entre ambos cayeran al río y tuvieran que asirse a unas ramas, hasta que el resto de la tropa dio con ellos y les sacaron del trance. La tormenta fue muy recia y parecía que se habían abierto las puertas del cielo para que pudieran caer con soltura aguas suficientes para llenar un mar. Apuros pasaron para poder volver al palacio y tardaron más de dos horas, todos muy preocupados con la salud de la reina, que volvió muy serena, como si nada hubiera pasado, mientras que el Hernán Duque lo hizo muy quebrantado, y durante tres días tuvo que guardar cama cogido el pecho por la mojadura de tantas horas.

»Mas no por este mal paso entienda vuestra eminencia que conviene cambiar el régimen del castillo, ni cuánto menos la persona de su alcaide como algunos pretenden por ver qué beneficio sacan con el cambio. El caballero Hernán Duque acierta en lo principal, que es en tener sosegada el alma de nuestra señora, y en cuanto al cuerpo no hay cuidado de que sufra por semejantes descuidos dada la reciedumbre de su naturaleza.»

No sólo no sufrió su naturaleza con el embate de las aguas desbordadas, sino que salió más animosa y fortalecida del episodio, muy halagada del riesgo que habían afrontado por salvarla. Preocupada por unas fiebres que le entraron al Hernán Duque a causa de la mojadura, con sus propias manos le colocó emplastos de mostaza en el pecho, porque no le gustaba cómo se los ponía el barbero y también dispuso que viniera un médico de Valladolid porque no se fiaba del doctor Soto. Como el mismo Hernán Duque protestara ante tanta solicitud, le reprendió doña Juana:

«¿En tan poco tenéis el haber sacado de un mal

paso a vuestra reina y señora, que le pudo costar la vida? Por menos de eso hay caballeros que lucen el Toisón de Oro.»

Y añadió que pensaba escribir a su padre, el rey, para que le premiase como se merecía. Aquí conviene aclarar que dijo que le iba a escribir, pero no lo hizo porque una de las manifestaciones de su mal fue que por nada de este mundo tomaba recado de escribir, ni siquiera para poner su firma. Hay cronistas que entienden que cuando comenzaron los pleitos entre el Rey Católico y don Felipe el Hermoso, sobre la regencia de Castilla, su marido le hizo prometer que no firmaría nada sin su anuencia para evitar que lo hiciera a favor de su padre, y esa promesa entendía que la seguía obligando aun muerto su esposo.

No escribía, pero mandaba recados al rey que, obviamente, no podían llegar a su destino porque había fallecido. La hija se dolía de los silencios de su padre y le hacía confidencias al caballero Hernán Duque, que le daba consuelos y le hacía ver los graves deberes de estado que pesaban sobre el monarca aragonés que le tenían muy atareado. Se mostraba tan solícito el caballero en tales circunstancias que en una de ellas, doña Juana, que en muy poco tenía los respetos humanos, le espetó:

«Se me figura, don Hernán, que un enamorado no sería tan gentil como vos lo sois conmigo, y hasta pienso si no habrá algo de ello.»

Al caballero le tomó tan de sorpresa esta salida, que enrojeció hasta la misma raíz de sus cabellos, lo que doña Juana interpretó como que estaba en lo cierto y, con fingida severidad, le reprendió que se atreviera a apuntar tan alto. Don Hernán, por salir del apuro, le dijo que no se atrevía a tanto, como no se atreve el hombre prudente a mirar al sol de frente, en el cenit de un día de verano; pero que su corazón se conformaba con la sombra de sol que tanto alumbraba. El Hernán Duque, como buen humanista, era muy dado a las metáforas poéticas y decía estas cosas con mucho donaire.

Desde aquel día la reina cuidaba de ir muy atildada, sin desatender la higiene, que era uno de los males que padecía. Un atardecer que paseaban por las orillas del Duero, el caballero se permitió decir algunas lindezas a propósito de la belleza circundante y la reina conmovida le dijo:

«Si otra fuera vuestra condición, y otra vuestra sangre, no hubierais hecho mal marido para esta desventurada —y después de pensarlo, rectificó—: O quizá mejor, aún, si otra hubiera sido mi condición y mi sangre.»

Y le hizo al caballero grandes confidencias de cómo entendía que todos sus males le venían de ser reina.

Con ser tan grande su solicitud y paciencia, don Hernán Duque nunca ocultó su parecer de que doña Juana no estaba para gobernar. En un informe destinado al cardenal Cisneros, se expresa en los siguientes términos:

«Hay ocasiones en que nuestra señora se muestra tan en razón que parece que podría ser la mejor de las reinas, pero los que así piensan olvidan que los locos no son necios, y que habiendo sido educada por la mejor de las soberanas, la Reina Católica, poco le cuesta comportarse como reina cuando las lunas no le son adversas; pero de ahí a que pudiera gobernar siempre en razón, media un gran trecho. Lo que no cabe dudar es cuánto conviene razonarla con amor, porque si se quiere torcer su voluntad por fuerza, todo se desbarata.»

En este punto conviene dar entrada a un hijo bastardo del conde Bergenroth, caballero flamenco que vino en el séquito de Felipe el Hermoso, en su primer viaje a España, joven no mal parecido, diestro espadachín, buen conversador, y con suficientes prendas para triunfar si se hubiera servido mejor de ellas. Muy seductor con las mujeres, no sabía hasta dónde podía llegar, y sin tener en cuenta que las costumbres de la corte castellana no eran tan licenciosas como las flamencas, tuvo problemas por su atrevimiento, y en un duelo mató a un esposo agraviado. Esto sucedió en vida de don Felipe quien, en atención a su padre, le sacó del apuro; también pudo influir que el joven, cuyo nombre era Flaviano, le hacía servicios de tercería en sus desvíos conyugales.

Fallecido su protector continuó en el séquito de doña Juana, entrando y saliendo del castillo, en busca de la oportunidad de medrar. Llegó a pensar que sería nombrado alcaide cuando cesó el mosén Ferrer y fue de los que más urdió contra el Hernán Duque, diciendo que no se podían conceder tantas libertades a quien no estaba en su sano juicio. Doña María de Ulloa le tenía bien tomada la medida y cuidaba de que sus enredos no alterasen la paz, siempre precaria, del palacio de Tordesillas. Pero sabía ganarse el favor de otras personas, sobre todo damas de dudosa conducta que disfrutaban en su compañía, ya que entre sus gracias contaba la de tañer diversos instrumentos musicales con mucho arte. A través de estas damas movía los hilos de sus enredos, y uno de ellos fue hacer llegar a oídos del cardenal-regente la especie de que el Hernán Duque estaba embaucando a la reina requiriéndola de amores. De amores y amoríos entre monarcas y gentes de más baja condición no podía admirarse el cardenal Cisneros, tantos años confesor de testas coronadas, pero prudente como era en todas sus decisiones requirió un informe de doña María de Ulloa, en quien mucho fiaba.

Por esta María de Ulloa también suspiraba doña Juana y la tachaba de ingrata por no estar siempre en Tordesillas, pero la dama se excusaba alegando los deberes que tenía en su condición de esposa de un gentilhombre de cámara, amén de la obligación de una buena madre de colocar bien a sus hijos, para lo cual no podía vivir en un lugar apartado, como Tordesillas. De todos modos cuando la corte se movía por Valladolid, visitaba con frecuencia el castillo y hasta pasaba temporadas.

Con ocasión de este enredo se pasó tres semanas en el castillo y pronto cayó en la cuenta de que el idilio tenía su fundamento en la gran ilusión que le hacía a doña Juana imaginarse que era cortejada por caballero tan agraciado como el Hernán Duque, lo cual no es de extrañar si se considera que contaba la reina, a la sazón, treinta y ocho años y, excepto cuando se le extraviaba la mirada, seguía conservando aquella belleza que prendó al rey de Inglaterra y que la hizo famosa en todas las cortes europeas. A esa belleza se unía el portento de su salud física, que la hacía sentirse rozagante y deseosa de asomarse a los juegos del amor, aunque sin pasarse de lo que permitía el decoro.

La María de Ulloa se sinceró con Hernán Duque y le dio cuenta de la misión que la llevaba al castillo y el caballero, llevándose la mano al pecho, le juró por los clavos de Cristo que nunca pasó por su mente pensamiento carnal en lo que a su soberana atañía, y que en su trato con ella sólo miraba a que estuviera bien aseada, bien comida, y en gracia de Dios, como le había encarecido el cardenal-regente, pero que si las tornas eran otras que se lo dijera y él cambiaría de conducta; y que si su presencia en el castillo suponía desdoro para su majestad, presto estaba a dejarlo y cumplir con la única vocación que cada día tenía por más cierta, la de profesar como fraile franciscano, a ser posible de hermano lego, pues más no se merecía quien tanto se estaba dilatando en el servicio del Señor.

A doña María de Ulloa, ante tanto candor, se le saltaron las lágrimas y le encareció que por nada de este mundo dejara de hacer lo que estaba haciendo, y le razonó que nunca supone desdoro para una soberana el saberse amada por sus súbditos y cómo, cuanto más próximos están a ella, mayor es el halago. Y le contó casos muy sonados de pajes enamorados de su señora y gentileshombres de su reina que, pese a su amor, sabían respetarla como se respeta a una diosa.

Cumplió don Hernán el encargo durante el tiempo de su mandato que, para desgracia de doña Juana, no llegó a los dos años por intrigas de la corte.

Al fallecimiento del Rey Católico apresuráronse los flamencos a proclamar como rey de Castilla y Aragón al primogénito de doña Juana, el príncipe Carlos, que ya había alcanzado la mayoría de edad. Pero el Consejo de Grandes de España, presidido por el duque de Alba y el almirante de Castilla, determinó que en tanto viviera doña Juana sólo ella podía ostentar el título de reina de España y quien quisiera gobernar había de hacerlo en su nombre. Sobre tal declaración hubo sus más y sus menos, pues el cardenal Cisneros por nada quería que se mermara la autoridad de quien estaba llamado a ser el mayor rey de la cristiandad, pero de allí a poco falleció el cardenal y cuando Carlos V entró en España en el 1517 hizo difundir una proclama por la que se declaraba que venía a gobernar en unión de su madre, y a proceder en todos los negocios del reino de acuerdo con su voluntad.

Los Grandes de España que, recelosos del príncipe Carlos y su corte de flamencos, por encima de todo querían mantener la legitimidad dinástica de doña Juana, dispusieron que convenía dar a la residencia de la reina todo el lustre que se merecía y a tal fin nombraron como primer caballero de su corte a don Bernardo de Sandoval y Rojas, marqués de Denia, personaje de abolengo. A doña Juana, como educada que había sido para ser reina, no le desagradó el nombramiento de caballero de tanta alcurnia, pero no entendió que por ello el Hernán Duque hubiera de abandonar el castillo. Pero éste, que bien sabía que el de Denia venía a sustituirlo por expresa determinación del Consejo de Grandes de España, se lo hizo ver a su majestad de muy buenas maneras, que de poco sirvieron porque la reina montó en una de aquellas temibles cóleras que hacía tiempo que no le daban, y volvió a amenazar con no comer y no lavarse.

El arrebato le duró dos días y a continuación cayó en un abatimiento más preocupante todavía, pero en ese estado le fue más fácil al Hernán Duque hacerle otra clase de consideraciones que lograron el milagro de consolarla. El milagro fue que el caballero le dijo la verdad: que estaba desengañado de los amores de este mundo y que su único deseo era profesar en religión. Y la reina entendió que esa decisión obedecía a la desesperanza de que ella no pudiera corresponder al amor tan subido que le mostraba el caballero.

La María de Ulloa, que fue requerida una vez más en este trance, cuenta que entre ambos tuvo lugar una escena muy tierna, con lágrimas en los ojos de la reina, lo cual era muy conveniente porque cuando su majestad lloraba se le sosegaba el ánimo. Lo que más temían eran sus cóleras secas, con los ojos alumbrados. Cuenta, también, que la reina tomó las manos del caballero con mucho amor, se las acarició y le hizo ver cómo, en su condición de reina, se debía a todos sus súbditos aunque él siempre ocuparía un lugar de preferencia en su corazón. Y concluía doña María de Ulloa:

«Nunca agradeceremos suficientemente al caballero Hernán Duque el trato que dio a nuestra señora, que la hizo muy dichosa, dentro de su mal, y es de lamentar que por su linaje no tuviera suficiente alcurnia para seguir al frente del castillo. En cuanto al amor que tenía a nuestra señora, aparte de sus gracias personales (pues conviene no olvidar que en aquellos años se mostraba muy hermosa y aseada), se debía en no menor medida a que veía en ella al mismo Cristo, como corresponde a alma tan entregada a Dios.»

Por fin pudo cumplir Hernán Duque su anhelo de profesar en religión y los superiores de la Orden acordaron que lo hiciera en un noviciado que tenían en Galicia, para que estuviera lo más distante posible de Tordesillas y de la influencia de la reina, quien en más de una ocasión manifestó que cuando recibiera las órdenes sagradas lo tomaría como su confesor, ya que si tan bien había sabido cuidar de su alma siendo laico, cuánto mejor lo haría con la especial gracia que confiere el sacramento del orden sacerdotal. En otras ocasiones decía que al igual que hizo su excelsa madre con Jiménez de Cisneros, en su momento le nombraría arzobispo de Toledo. Esto último lo dijo cuando transcurrieron los años y su mente estaba cada vez más deteriorada, pero en medio de ese progresivo deterioro siempre que le venía el recuerdo de Hernán Duque era para añorarle y otorgarle en su imaginación prebendas que le compensaran del amor que le mostró y al que no pudo corresponder.

CAPÍTULO XII

CARLOS I, HIJO DE DOÑA JUANA, REY DE ESPAÑA

Traían fama de flemáticos los flamencos, pero de muy aplicados cuando mediaban intereses económicos, o de poder, que viene a ser lo mismo. Al igual que cuando falleció Miguel, el unigénito de Isabel, hermana mayor de doña Juana, se apresuró Felipe el Hermoso a declararse príncipe de Asturias, y al fallecimiento de Isabel la Católica, rey consorte de Castilla; al morir el Rey Católico al tiempo que celebraban en Flandes las fúnebres exequias por el difunto, proclamaban rey de Castilla y Aragón al príncipe Carlos, haciendo caso omiso de la recomendación del Consejo de Castilla, quien mucho encareció al joven príncipe que para evitar motines y revueltas no tomara el título de rey mientras viviera su madre, doña Juana. Esto lo decían porque el pueblo, más dinástico que los nobles, veía en ella a su legítima reina y dudaban de la insania que se le atribuía.

Esto sucedía a primeros de marzo del 1516 y dos

Carlos I a caballo, de Cornelis Anthonisz.

semanas más tarde, en la catedral de Santa Gúdula, de Bruselas, se proclamaba rey a don Carlos, en francés, entre otras razones porque la nueva majestad no sabía ni media palabra de español. El heraldo, después de anunciar la muerte del rey Fernando y guardar unos minutos de silencio, clamó: «*Vive doña Jeanne et don Charles, par la grâce de Dieu rois catholiques.*»

Como comenta uno de los cronistas más calificados de la infeliz reina, «así quedó cumplido en cuanto a la letra la recomendación del Consejo de Castilla, pero despreciado en cuanto a su sentido». Doña Juana, según esta fórmula, seguía siendo reina, y además ascendía a la condición de «reina católica», pero en paridad de gobierno con su hijo, tan rey católico como ella, pero con más posibilidades de hacer efectivos sus poderes.

Para que no quedaran dudas al respecto, el gran canciller Sauvage dispuso que el nuevo soberano había de trasladarse a Castilla acompañado de una corte que dejara bien claro quién había de mandar, en adelante, en aquellos territorios. A tal fin reunió en el puerto de Flesinga una armada compuesta por cuarenta naves, y el séquito de su majestad lo formaban cincuenta gentileshombres de cámara, cien criados entre camareros y coperos, doce ayudas de cámara, dieciséis pajes nobles y treinta caballerizos. En otras naos, de las denominadas vizcaínas, viajaba la gente de armas, la artillería y los caballos.

Antes de su partida, que tuvo lugar el 9 de setiembre del 1517, el futuro emperador hizo reunir en Gante a los Estados Generales de los Países Bajos y se despidió de ellos con una alocución tan sentida que hizo llorar a sus súbditos. Vino a decir que se marchaba por fuerza para tomar posesión de su nuevo reino y a dejar en él a quien pudiera gobernarlo en su nombre —y al decir esto miró a sus cancilleres Sauvage, Chièvres y Adriano de Utrecht— y que en cuanto pudiera retornaría allí donde estaba su corazón: Flandes.

Laurent Vital, ayuda de cámara de la nueva majestad, cuenta que las mujeres de la región de Flesinga alfombraron con flores los caminos por donde había de transitar el rey y a su paso le decían que hasta que regresara se sentirían viudas las casadas, y huérfanas las solteras.

Este Laurent Vital tenía veleidades de poeta y dejó un libro, escrito en francés, narrando el primer viaje de Carlos I a España. Da detalles de las embarcaciones reales y concretamente dice que la nao principal, en la que viajaba el rey Carlos, llevaba en la vela mayor una imagen del Cristo crucificado, y al pie de la cruz la Virgen María y Juan, el discípulo amado. En otras naves las velas iban adornadas con imágenes de la Virgen, de la Santísima Trinidad, y de Santiago, patrón de España. Esta imaginería tenía su sentido, y con ella quería hacer ver a los españoles su catolicidad, en unos tiempos en los que ya se barruntaba el peligro del luteranismo que, además de una herejía, era un movimiento germanista que pretendía realizar el ideal alemán, como opuesto a todo lo latino. En todo esto le aconsejó su canciller Adriano de Utrecht, que con el tiempo acabaría siendo Papa de Roma.

También cuenta Laurent Vital que al mediodía y al atardecer, el capellán de cada nave entonaba antífonas a la Virgen María, que en la nao principal eran presididas por su majestad, con la cabeza destocada, y que los marineros las cantaban con mucho amor y con un arte desconocido en España, salvados los países ribereños del golfo de Vizcaya. Pero admira que tanta devoción a la Virgen no fuera incompatible con la licencia de sus costumbres, ya que en las naves, al igual que ocurriera en el segundo viaje de Felipe el Hermoso a España, viajaban también mujeres de vida airada. Este detalle se conoce como consecuencia de un grave accidente que tuvo lugar en el tercer día de navegación en la nave en la que transportaban la caballeriza real. Durante la segunda vela de la noche comenzó a arder el aprovisionamiento de paja y hierbas secas, y pronto el fuego alcanzó grandes proporciones; la tripulación, en su obsesión de salvar lo que consideraban más principal, los espléndidos caballos de su majestad, descuidaron el pañol de las municiones y cuando las llamas alcanzaron la santabárbara hombres y bestias salieron volando por los aires. Detalla el cronista que en tan luctuoso suceso perdieron la vida los cien caballos reales, los ciento cincuenta hombres de la tripulación, más doce mujeres que, por fortuna, concluye, «todas ellas eran meretrices».

Este suceso entristeció notablemente a su majestad, y pensó en dar media vuelta por entender que a nada bueno podía conducir viaje que comenzaba con tan pésimos augurios, pero el canciller Adriano, deán de Lovaina, hombre virtuoso y notable humanista, que había sido su preceptor, le hizo comprender que no se conciliaba con su condición de príncipe católico el fiarse de augurios o presagios, y que sólo debía de atender a la voluntad de Dios, que en su caso no podía ser otra que la de ceñir sobre sus sienes la corona de Castilla y Aragón, por muy pesada que le pudiera resultar.

Prosiguió el viaje y lo único positivo que cuenta de él, el ayuda de cámara y cronista improvisado, Laurent Vital, es que así como en las costas de Flandes la mar era oscura, verdosa y poco diáfana, al aproximarse a España se tornaba en azulada, muy clara y cristalina, por lo que eran aguas muy deleitosas para los delfines que saltaban graciosamente alrededor de las naves, entreteniendo a los pasajeros con sus alegres juegos. También fue motivo de agrado el que en el séptimo día de navegación una nave vizcaína, que viajaba de Sevilla a Flandes con un cargamento de vino y frutas, rindió homenaje a su majestad haciéndole llegar un cestillo con lo más selecto de ese cargamento.

Al duodécimo día de navegación alcanzaron las costas de España, pero por donde no debían y no eran esperados, ya que en lugar de fondear en la rada de Laredo, Santander, lo hicieron en Villaviciosa, Asturias, que tiene una ría que en nada se parece a la de Laredo. Mucho se lamenta el Laurent Vital del mal recibimiento que les hicieron los asturianos, que de primeras pensaron que se trataba de una flotilla de corsarios franceses, y se asombra de su torpeza, pero para nada comenta la de los marinos flamencos que de tal modo equivocaron la derrota.

A partir de ese momento siguen en aumento las lamentaciones del cronista, todas en desdoro de los españoles, sin pararse a considerar que si hubieran llegado donde eran esperados, otro hubiera sido el cantar ya que, Laredo, como puerto de arribada de las naves que venían de Europa, se hallaba en todo mejor acondicionado y los caminos que llevaban al interior de Castilla, aun siendo montuosos, estaban preparados para que por ellos circulasen caballerías y carruajes. Por contra Villaviciosa, aun siendo villa hidalga, muy orgullosa de la parte que le tocó en la reconquista de España, era muy pobre y sin provisiones para atender a tan inesperados visitantes.

A pesar de todo, bien porque no se fiase su majestad de que los pilotos de su armada acertasen a dar con Laredo, bien por tomar contacto con sus nuevos súbditos cuanto antes, se decidió que harían el viaje por tierra, con lo más escogido de su séquito. Tuvieron que atravesar las fragosidades de Asturias y Cantabria, muchos de sus tramos en mulas y teniendo que recurrir a los nativos para que porteasen a hombros los carruajes por los pasos más difíciles. Los cortesanos flamencos se hacían cruces ante lo que veían y, sobre todo, de tener que dormir sobre bancadas, cuando no en pajares. Cita el cronista que en Cabuérniga su majestad se tuvo que alojar en una hacienda cuyas paredes estaban cubiertas de pieles de oso, pero que carecía de un mal banquete para sentarse.

Para nada habla el cronista de la belleza de aquellos parajes, ni de la nobleza de sus gentes.

Por fin alcanzó el séquito real la ciudad de Valladolid, engalanada excepcionalmente para recibir a su nuevo rey, quien hizo su entrada triunfal en la catedral bajo palio de oro. A continuación desfiló por las calles principales, el pecho recubierto con armadura de acero, y sobre ella un manto de seda en amarillo, blanco y rojo, con adornos de aljófares y la cabeza tocada con un sombrero volado, adornado con plumas blancas.

Según Laurent Vital, en Valladolid nunca se había visto joven tan apuesto y todas las bellas mujeres hubieran deseado ser requeridas de amores por él. Para asombro de los españoles el caballo de tan apuesto galán se encabritó por culpa del barro, y su jinete, con mano firme, permaneció clavado en la silla hasta dominarlo. «Así —razona el cronista flamenco—

demostró a los castellanos su firmeza en no consentir que se le encabritaran ni bestias ni personas.»

Cronistas menos apasionados que el Laurent Vital nos dan un retrato más equilibrado del nuevo monarca, no demasiado favorable en su primera aproximación a los reinos de España.

Como consecuencia del juego de enlaces matrimoniales a los que tan aficionados eran los monarcas del Renacimiento, se concentraron en su persona cuatro importantes dinastías. Por parte de su abuelo paterno, el emperador Maximiliano I, heredó los dominios de la Casa de Austria y los derechos al imperio alemán; de su abuela paterna, María de Borgoña, heredó los Países Bajos, Flandes, Brabante, Luxemburgo y el Franco Condado; de Fernando el Católico heredó los reinos de la Corona de Aragón, que comprendían Aragón, Valencia, Cataluña, Baleares, Navarra, Sicilia, Nápoles, y las plazas conquistadas en el norte de África; y de Isabel la Católica recibía los reinos de Castilla, las Canarias y todas las islas y tierra firme de la mar océana descubiertas o por descubrir.

El heredero de tan inmenso imperio era un muchacho de diecisiete años, que cuando llegó a España los retratistas nos lo presentan imberbe e indeciso, atento sólo a lo que le dijeran sus consejeros flamencos ya nombrados. Había recibido una educación exquisita de su sabio preceptor Adriano de Utrecht, pero poco práctica en lo que al oficio de gobernar se refiere. Huérfano de padre desde los seis años, y apartado de su madre doña Juana, recibió la influencia de su tía Margarita, con la que convivió durante su adolescencia. Margarita, gobernadora de los Países Bajos, era entusiasta defensora de los intereses de la Casa de Austria, cuyos principios inculcó al joven príncipe. Ella fue la que se opuso a que aprendiera el español que, a su entender, de poco le había de valer a quien estaba llamado a servirse tan sólo de la lengua del imperio. Por lo demás había sido instruido en la religión católica, con algunos puntos de erasmismo, y en cuanto a sus ideales eran los propios de un maestre de la Orden del Toisón de Oro, que obligaba a sus miembros al cumplimiento de estrictos preceptos morales y a un alto sentido del honor y de la lealtad.

Con los años se convirtió en un monarca de indiscutido valor personal, austero en sus costumbres hasta llegar al ascetismo, idealista, con una concepción ecumenista de los reinos europeos, y con un claro deseo de crear un imperio español, como columna del Occidente cristiano.

Pero en 1517, repetimos, era un joven imberbe dominado por una corte de flamencos que cayeron sobre la Península como verdaderas aves de rapiña.

Bartolomé de Las Casas, no menos infatigable escritor que viajero, nos da un retrato detallado del emperador, a quien conoció personalmente con ocasión de una audiencia que le concedió en la ciudad de Barcelona.

Era todavía clérigo regular, pero ya converso y a la sazón empeñado en llevarse a las Indias labradores de Soria que trabajasen codo a codo con los indios, tratándoles como hermanos, enseñándoles no sólo la doctrina sino también la práctica del amor a Jesucristo. Entendía que esos establecimientos basados en la caridad fraterna habrían de prosperar más que los que tenían su fundamento en el odioso sistema de las encomiendas y en este intento encontró muchos alientos en los padres dominicos, en los teólogos de Salamanca y en el mismo canciller Adriano. El que eligiera labradores de Soria, siendo él de Sevilla, lo fundamentaba en que los sorianos eran muy buenos cristianos, que bendecían el pan que iban a comer con la misma unción con la que los sacerdotes consagran el cuerpo y la sangre de Cristo, y que en cuanto a trabajar eran capaces de tundirse los riñones escarbando en busca de bellotas para alimentar un cerdo. Consideraba que los de su Andalucía natal eran más sufridos a la hora de no comer, pero menos dados a labrar entre piedras. Si en Soria los labriegos eran capaces de subsistir en medio de tanto pedregal, en las dulzuras de las tierras de allende los mares se harían todos ricos y calzarían espuelas de oro. Por eso a la expedición que organizó con labradores sorianos a la Tierra Firme del Cumaná, la llamó la de «los caballeros de las espuelas de oro». Pero los encomenderos, y a su cabeza el gobernador de la Tierra Firme, Pedrarías Dávila, que por nada querían que desaparecieran las encomiendas, se encargaron de desbaratar la expedición por modos y maneras que no vienen al caso.

No cejó Bartolomé de Las Casas, que ya venía siendo conocido en las cancillerías por su tenacidad, y consiguió ser recibido en audiencia por el rey Carlos el 12 de diciembre del 1519.

Advierte Las Casas que todavía no había cumplido su majestad los veinte años y que no se le había quitado del todo el aire de indecisión que trajo al llegar a España. Le recibió en palacio, en presencia de todo el Consejo, «sentado en su silla real luciendo el Toisón de Oro al cuello, como para dar mayor realce al acto, y la cabeza se la cubría con una gorrilla de terciopelo granate muy recamada. La barbilla la tenía muy prominente, y la boca se le quedaba entreabierta, como si fuera a balbucear, pero luego, aun no siendo hablador, decía las cosas con gran autoridad. Con sus consejeros hablaba en francés o flamenco, y con los demás se servía de intérprete, salvo cuando se dirigía a algún clérigo que lo hacía en latín. En bancas más bajas se sentaban el obispo de Badajoz y otras personas de alcurnia. Cuando alguno de ellos quería dirigirse a su majestad, abandonaba su sitial, se encaramaba a la peana de la silla del rey y allí, hincada la rodilla, le consultaba lo que procediera. Recibida la respuesta tornaban a su sitio, no sin antes hacer una reverencia. Con tal ceremonial se alargaban las audiencias, pero por contra se desarrollaban con tal respeto que nadie se atrevía a alzar la voz, o a decir algo que estuviera fuera de lugar. En semicírculo, detrás de su majestad, se sentaban los consejeros, y cuando el que era recibido en audiencia terminaba su petición, se levantaban a una el gran canciller Sauvage y el gentilhombre mayor de cámara, Chièvres, y uno por el oído izquierdo y otro por el derecho le decían lo que debía contestar, y de ahí que los españoles entendieran que no eran gobernados por su majestad, sino por los consejeros flamencos. De otra manera no podía ser —razona Las Casas— pues sería impensable que por muchas que fueran sus prendas, a tan corta edad pudiera acertar en el gobierno de un imperio de no ser aconsejado por la sabiduría que confieren los años. Cierto que estos consejeros eran flamencos y no españoles, pero en eso no tenía su majestad culpa alguna, pues no conocía a otros, no por su gusto sino porque así lo dispuso la gobernadora de los Países Bajos, que fue como una madre para su majestad».

Bartolomé de Las Casas disculpa en todo momento al emperador porque tanto él, como sus consejeros flamencos, principalmente Adriano de Utrecht, tuvieron en mucho sus consideraciones sobre el problema de las Indias y por su impulso se redactaron las Leyes Nuevas de Indias, que firmó el emperador Carlos V, en Barcelona, el 20 de noviembre del 1542. Gracias a ellas en las sucesivas conquistas en el continente americano no se produjo la extinción de la raza indígena, como ocurrió en las islas primeramente descubiertas.

En tanto tenía Carlos V a Bartolomé de Las Casas que quiso nombrarlo obispo del Cuzco, pero el fraile, que no quería ningún cargo ni prebenda, huyó a Valencia. Pero tanto insistió el emperador que, pasados unos años, logró que aceptara ser nombrado obispo de Chiapas, en México.

Pero lo que no cuenta Las Casas es que el joven rey, en este su primer viaje a España, para nada quería saber de consejeros españoles y muestra de ello es que antes de pisar territorio español hizo llegar al cardenal Cisneros un escrito firmado de su puño y letra en el que le decía que, atendida su avanzada edad, convenía que se apartase de los asuntos políticos y se retirase a descansar. Hay quienes piensan que fue del disgusto de lo que murió el anciano cardenal que siempre defendió, primero ante el Rey Católico, y luego ante el Consejo de Castilla, el derecho de Carlos a ocupar el trono de España. Otros sostienen que no fue así puesto que el cardenal falleció antes de que tan cruel escrito llegase a sus manos. Pero de lo que no cabe duda es de que un hombre tan sagaz y conocedor de los enredos de estado, como Jiménez de Cisneros, intuyó que el nuevo rey no contaba con él y eso ensombreció los últimos días de su vida.

No podían contar con él quienes, como los cancilleres Sauvage y Chièvres, venían dispuestos a depredar Castilla y Aragón, en provecho propio y, en lo que procediera, de los reinos de Flandes, como se relatará en su lugar.

Para empezar, supieron mostrarse avispados esos consejeros en encauzar el problema del gobierno conjunto de la madre y el hijo, y antes de la descrita entrada triunfal en Valladolid, cuidaron de pasar por Tordesillas, para obtener poderes de la reina loca, pero soberana legítima para su pueblo. No era empresa fácil habida cuenta de que la infeliz soberana seguía en la creencia de que su padre vivía y a él le había conferido la regencia del reino.

El encuentro tuvo lugar el 4 de noviembre del 1517 y en su preparación jugó un papel importante el ya citado Flaviano, hijo bastardo del conde de Bergenroth, que seguía rondando por el castillo de Tordesillas en busca de una oportunidad de medrar. Tan pronto supo que llegaba el futuro emperador, rodeado de una corte de flamencos, se apresuró a incorporarse al séquito, lo que no le resultó difícil en atención a su padre.

El consejero Chièvres, que era el más taimado de ellos, le interrogó sobre la vida en el castillo y sobre la salud mental de la reina, y el joven Flaviano le interpeló: «¿Qué os interesa? ¿Que esté loca o que esté cuerda?»

A lo que Chièvres respondió:

«Lo suficientemente loca para no poder gobernar, pero lo suficientemente cuerda para otorgar poderes en favor de su hijo, nuestro señor el rey.»

El cronista Raimundo de Brancafort, aquel que fuera caballero en la corte del archiduque de Borgoña, y ahora lo era en la del rey don Carlos, se refiere con comprensión a este episodio, justificando el comportamiento de Flaviano, quizá porque él mismo en su juventud había sido juglar y, como todos ellos, un tanto pícaro.

«Que se concertaran el señor de Chièvres y el hijo del conde de Bergenroth —discurre— es de natura, el primero porque era su deber asentar lo más posible a nuestro señor en el trono, y el segundo porque los que son bastardos se tienen que valer de estas artimañas para seguir cerca de los poderosos.»

La artimaña consistió en seducir mediante promesa de matrimonio a una doncella de la reina, de nombre Gertrudis, de la familia de los Verccelli de Nápoles, muchacha de carácter muy dulce que por aquellas fechas era la que mejor entendía a la reina y la que lograba atemperarla cuando le daban sus arrebatos, que por entonces no eran muchos pues todavía estaba bajo los efluvios de las buenas maneras que le inculcara el Hernán Duque. Se mostraba triste, añorando las atenciones del caballero, y a la única que le hacía confidencias era a Gertrudis Verccelli, a quien había tomado gran cariño, hasta el extremo de decirle que si encontraba un pretendiente de su gusto —se sobreentiende que del de la reina—, ella la dotaría para que pudiera bien casar. Esto lo decía porque la doncella era de noble linaje, pero sin fortuna. Doña Juana, excepto para sus manías, era muy avisada y pronto se apercibió de cómo bebía los vientos por Flaviano de Bergenroth, pero le advertía que no le convenía quien por su condición de bastardo difícilmente podría alcanzar el puesto que ella se merecía. No por eso le caía mal a la reina el joven Flaviano, que sabía ser seductor cuando quería, y los días buenos le invitaba a que las acompañara mientras hacían labores, y el caballero se lucía tocándoles la vihuela y recitándoles poemas. En alguna ocasión dijo de él que en apostura no le iba a la zaga a su llorado esposo, Felipe el Hermoso, y ése era el mayor elogio que podía hacer su majestad de un varón.

Vxor Philippi I. Regina
Legionis etc. Archidux Austriæ, Dux

CAPÍTULO XIII

EL ENCUENTRO DE TORDESILLAS

El consejero Chièvres instigó a Flaviano para que hiciera cuanto pudiera en favor del rey en el negocio de los poderes, y que él sabría recompensarle. El joven le dijo que podía hacer mucho por el ascendiente que tenía sobre quien gozaba del favor de la soberana, y pidió como recompensa el que se le nombrara alcaide del castillo de Tordesillas. Chièvres, que todavía no sabía que el Consejo de Grandes de España había designado para tal cargo al marqués de Denia, accedió a la petición. (El marqués de Denia no se haría cargo del castillo hasta el mes de marzo de 1518.) Quienes bien le conocían decían que lo hubiera prometido en cualquier caso, pues poco se le daba de cumplir las promesas cuando mediaban razones de estado, que también fueran de su conveniencia.

Este encuentro tuvo lugar en Noceda, en la raya de

La reina Juana se encontraba en una fase de melancolía pacífica y resignada cuando se produjo el encuentro en Tordesillas con sus hijos.

Asturias con Castilla, y Flaviano retornó a Tordesillas a uña de caballo. Con apasionamiento le hizo ver a Gertrudis Verccelli cuánto les iba en que la reina concediese poderes al rey Carlos para gobernar, porque a él le nombrarían alcaide y así se podrían casar. Y le razonó el provecho que se derivaría para su majestad, pues tendría como alcaidesa a quien tan bien la entendía y tanto la quería. La joven, rendida ante tan sabias consideraciones y al ardor que le mostraba su enamorado, se entregó a él.

Desde tal momento, y sabiendo que en el matrimonio con Flaviano estaba el remedio para su deshonor, se dedicó con alma y vida a hacerle ver a la reina las excelencias que concurrían en la persona de su hijo, el príncipe Carlos, que estaba en camino desde Flandes para rendirle pleitesía. Doña Juana se encontraba en una fase de melancolía pacífica y resignada, y se condolía de que siendo madre llevara doce años sin ver a quien estaba llamado a sucederle en el trono de Castilla. Gertrudis la consolaba y le decía que de allí en adelante lo tendría siempre muy cerca de ella, sobre todo si se quedaba en España gobernando el reino en nombre de su majestad. La reina suspiraba y sólo en una ocasión dijo:

«¿Cómo puede ser eso siendo regente mi augusto padre?»

Gertrudis le respondía que ella no entendía de negocios de estado, pero que todos los que iban conociendo al príncipe Carlos —nunca le nombraba como rey— según se acercaba a Valladolid, se hacían lenguas de su persona y decían que en todo era la viva imagen de su padre, Felipe el Hermoso.

Mientras Gertrudis insistía cerca de la reina, diciéndole cosas muy de su gusto, el Flaviano intrigó con un gentilhombre de cámara muy ambicioso, de nombre Estrada, que fue quien se encargó de concertar el encuentro con todo el boato que permitía la austeridad del palacio de Tordesillas.

Carlos I llegó acompañado de su hermana mayor, la princesa Leonor, de su ayudante de cámara Laurent Vital, del consejero Chièvres, y de dos caballeros flamencos y de dos damas de la corte cuyos nombres no constan. A la princesa Leonor, que a punto estaba de cumplir los veinte años y era la que más recuerdos conservaba de su madre, se le saltaron las lágrimas al ver el lugar en el que la tenían retenida. El encuentro tuvo lugar al atardecer de un mes de noviembre, de suyo oscuros en Castilla, y más oscuro todavía en aquel palacio que estaba concebido como fortaleza contra los moros, con más troneras que ventanas. Cierto que doña Juana gustaba de la penumbra, sobre todo cuando le entraba la melancolía, y de eso nunca se quejó. El Laurent Vital, oficioso como suelen ser los ayudas de cámara, viendo que disgustaba a sus altezas aquella oscuridad ordenó a los lacayos que encendieran hachones y él mismo tomó uno para alumbrar al rey, quien lo apartó de un manotazo reprendiéndole por querer disponer en casa ajena.

Por fin entraron en el salón en el que les esperaba la reina, a la que cumplimentaron con las tres reverencias a que estaban obligados ante una majestad quienes eran inferiores a ella. Una reverencia en el dintel de la puerta, como solicitando permiso para entrar, otra en el centro de la habitación, como señal de pleitesía, y la tercera a los pies, acompañada de besamanos que la reina no consintió tomándoles entre sus brazos y así les tuvo por un largo rato. El primero que se desasió fue el rey Carlos, quien cumplimentó a su madre, en francés, diciéndole que se alegraban de encontrarla en buen estado de salud, y que le expresaban su más sumiso rendimiento. La reina, en respuesta, musitó varias veces: «¡Mis hijos! ¡Mis hijos! ¡Cuántos años han pasado! ¡Cómo habéis crecido!» Y acarició los cabellos de su hija Leonor, a la que seguía manteniendo entre sus brazos.

Laurent Vital se admira de que en momento tan crucial para la historia de España, la reina dijera tan sólo frases banales, olvidando que también era madre. Y como madre pensó que estarían cansados después de tan largo viaje, y sin entrar a discurrir sobre asuntos de estado, les autorizó a retirarse a descansar.

La entrevista fue breve, pero muy sentida, y cuando la reina se quedó sola con su doncella se le saltaron las lágrimas, lo cual era muy buena señal. La Gertrudis Verccelli la consoló diciéndole la gracia que suponía para una majestad tener un hijo tan prudente y comedido, y como viera que la reina asintiera, se apresuró a salir fuera de la estancia y contarle a su enamorado las buenas disposiciones de doña Juana respecto de su hijo. Aquél, a su vez, se lo comunicó al canciller Chièvres aconsejándole que sin más dilaciones acometiera el negocio de los poderes. El consejero dudó por considerarlo en exceso precipitado, pero Flaviano le razonó que a fases de melancolía en su majestad, se sucedían otras de arrebato en las que se encerraba en sí misma, sin que saliera una palabra de su boca que no fuera para decir desaires.

Pidió permiso Chièvres para presentarse de nuevo ante la soberana, y con la habilidad de quien está hecho a urdir intrigas, con grandes rodeos y diciéndole cosas muy agradables, la persuadió de la conveniencia de descargar sobre los hombros de su hijo Carlos las pesadas tareas de gobierno, las cuales desempeñaría con la anuencia de la reina como hijo respetuoso y fidelísimo que era.

«Así debe ser —dijo doña Juana, sintiéndolo de corazón—. ¿Qué mayor satisfacción para una madre que el que su hijo le suceda en la administración de sus bienes? Y si esa madre, por la gracia de Dios es reina, y sus bienes son todo un reino, razón de más para que le ilustre sobre el mejor modo de gobernarlo. Sea como vos decís.»

Chièvres se deshizo en alabanzas por el buen juicio que mostraba su majestad y solicitó permiso para retirarse con la intención de volver con un escribano real, ante el que firmara la resignación de poderes en favor del príncipe Carlos. Pero Flaviano de Bergenroth, que le esperaba tras de la puerta, le advirtió que entre los desvaríos de la reina se contaba el de no firmar papeles, ni aunque vinieran del Papa de Roma, y que lo que hicieran habían de hacerlo de palabra. Aceptó el consejo el flamenco e hizo venir a la reunión al gentilhombre Estrada, a dos nobles que pertenecían al Consejo de Castilla, y al mismo confesor de la reina, que era un fraile dominico, y ante ellos reprodujo la conversación que habían tenido y la reina volvió a repetir el gusto que tenía en que su hijo gobernase en su nombre los reinos de Castilla, a la muerte de su padre Fernando el Católico. Al decir esto último algunos de los presentes miraron al suelo, avergonzados de que se le tuviera en tal engaño a la infeliz reina, pero luego todos concluyeron que puesto que el Rey Católico era fallecido, la resignación de poderes actuaba *statim*, de inmediato. Y en tal sentido se redactó un documento que firmaron los presentes y del que se sirvió Carlos I para gobernar todos los reinos de España, en nombre de su madre la reina doña Juana.

Aquella misma tarde Chièvres le entregó a Flaviano de Bergenroth una bolsa de ducados de oro, por el buen servicio que le había prestado, y el joven, aunque agradecido, le recordó que lo que él deseaba era el nombramiento de alcaide, y el consejero le dijo que así se haría, y cuando no se pudo hacer tampoco le dio mayor importancia por entender que con los dineros quedaba suficientemente pagado. No fue del mismo parecer el joven Flaviano que de seductor, pasó a seducido y, muy enamorado de Gertrudis Verccelli, necesitaba aquella plaza para poder atender a la palabra de matrimonio que le había dado, y que se hizo más urgente de cumplir cuando a causa de aquellos amores la joven quedó encinta, con las consecuencias que veremos en su momento.

Mientras esto sucedía en la sala principal del castillo, otra escena no menos notable tenía lugar en el ala derecha, en la que la reina hacía la vida familiar en compañía de la única hija que le quedaba: la princesa Catalina, que a la sazón contaba diez años. Por ser la más pequeña, de la que nunca se había separado desde que nació, es lógico que sintiera especial predilección por ella. Ante esta niña procuraba moderarse en sus arrebatos y era la única que lograba hacerle sonreír en los días tristes. Decía que era la que más se parecía a su padre y que tenía una risa tan contagiosa como la suya.

Criatura de carácter angelical se hacía a todo, a vivir en un encierro durante el mandato del mosén Ferrer, y a disfrutar algo más de la vida en tiempos del benéfico Hernán Duque. Desde que éste se fuera la reina volvía a vivir más recluida, y la princesa Catalina se pasaba los días mirando desde la ventana cómo jugaban los niños del pueblo en la ribera del río que discurría al pie del castillo. Para que se acercaran más a la ventana y así poder charlar con ellos, les echaba moneditas de plata, cuando las tenía, lo cual no ocurría siempre. Cuando no había monedas no se acercaban porque los del lugar temían al castillo, y a las leyendas que corrían sobre lo que sucedía en su interior.

Uno de esos niños, hijo de un herrero, se sentía atraído por la princesa que, como todas las hijas de doña Juana, era muy hermosa; los cabellos los tenía rubios y su melena le llegaba hasta la cintura. La niña, consciente de su ascendiente sobre el muchacho, se servía de él para que le trajese cosas del mundo exterior, que sus gobernantas no le hubieran consentido; frutos silvestres, ranas del río, cañas para hacer flautas... También hacía que le contara cómo vivía la gente fuera de los muros del castillo. Era un muchacho de unos doce años, fuerte y mañoso, que para comunicarse con la princesa trepaba por un muro aprovechando un saliente. Era el único que se acercaba al castillo aunque no hubiera moneditas de plata; hasta que un día, sorprendido por un centinela durante la escalada, en su deseo de huir se cayó y se quebró una pierna. Desde entonces ya no volvió y por el pueblo corrió la especie de que la guardia le había castigado por su atrevimiento, y de ahí la rotura de la pierna. Los padres prohibieron a sus hijos acercarse por el castillo y la princesa se vio privada de ese pequeño entretenimiento con la natural contrariedad.

En esas circunstancias tuvo lugar su primer encuentro con la mayor de sus hermanas, ante cuya belleza y majestad quedó deslumbrada. La princesa

Leonor, que doblaba en edad a Catalina, estaba en vísperas de casarse con el rey Manuel de Portugal y traía consigo el ajuar de una reina, con la magnificencia propia de la corte flamenca. La hermana mayor, conmovida ante el encanto de la pequeña y admirada de la pobreza de sus vestidos, dispuso que descargaran uno de sus baúles y ordenó a sus doncellas que la vistieran como correspondía a una princesa.

Si la princesa Catalina disfrutaba con cualquier clase de juegos, excúsase decir lo que disfrutó con el que con tanto amor le preparó su hermana mayor, haciéndola pasar de niña a mujer al vestirla con trajes que apenas se conocían en Castilla, y cuánto menos en el encierro de Tordesillas.

Aquella misma noche, camino de Valladolid, la princesa Leonor le dijo a su hermano el rey que de ningún modo podían consentir que su hermana siguiera la triste suerte de su madre, y que convenía que la sacaran del castillo para educarla conforme a su condición. Satisfecho como estaba su majestad con el logro obtenido por Chièvres en el negocio de los poderes, se resistió por no alterar el delicado estado de ánimo de su madre no fuera a desdecirse en cuestión tan capital. Pero era mucho el ascendiente de la hermana mayor sobre el rey, pues no en vano se habían educado juntos, y acabó por ceder en los términos que nos cuenta el cronista Raimundo de Brancafort:

«Doña Leonor era la más empeñada en sacar a la princesa Catalina del castillo, pues es propio de la condición humana que nos conmueva más la suerte del niño que la del viejo, y si bien se compadeció de la de su madre, ésta le parecía ya anciana aunque todavía no hubiera cumplido los cuarenta años, mientras que Catalina era en todo un querubín que no se merecía vivir en un aposento oscuro, cabe el de la reina, sin más recreo que ver pasar desde la balconada que da al río a la gente que iba a misa al cercano monasterio de Santa Clara, o jugar por señas con niños que no eran de su condición. Por eso doña Leonor, después de obtener permiso de su majestad el rey, que se lo concedió con harto dolor de su corazón, y con muchos temores, se concertó con un criado flamenco, de nombre Bertrand de Plomont, para sacar del castillo a la princesa sin que se apercibiera su madre, creyendo que por su mala cabeza no advertiría su ausencia, o de advertirla pronto lo olvidaría. En cuanto a lo primero, lo hizo con tal maña el tal Plomont, quien valiéndose de un pico horadó el aposento de la princesa y se la llevó junto a una vieja criada, diciéndole que lo haría por orden del rey; pero en cuanto a lo segundo era no conocer a la reina el pensar que podía pasarse sin la luz de sus ojos, que no otra cosa era para ella la princesa Catalina. De primeras, como de costumbre, cuando reclamó la presencia de la princesa y no supieron darle razón de ella, le entró un arrebato que daba espanto; pero luego vino lo peor, que fue quedarse en una tristeza muda, los ojos bien secos, perdidos, que conmovía a cuantos la veían.

»El mismo Plomont, pese a que había recibido su premio por lo que hizo, mostró compunción y les hizo saber a los soberanos la triste situación de la reina. Entretanto la princesa Catalina seguía con el corazón cerca de su madre, a la que amaba tiernamente, pero con el gusto muy complacido junto a su hermana Leonor, que la colmaba de toda clase de atenciones, joyas y vestidos, como para compensarla de las privaciones pasadas. Pero así que se enteró del pesar de su madre por su ausencia, de grado dijo que prefería volver junto a ella, lo que conmovió tan profundamente al rey don Carlos que accedió, aunque dispuso que la acompañara una pequeña corte de damas distinguidas, y le asignaron una doncella de sus años, de nombre Beatriz de Mendoza, para que con ella hiciera las cosas que convenían a su edad y educación. La alegría de la reina cuando le devolvieron a su hija no es para descrita; esta alegría le duró muchos meses y durante ellos se comportó tan cuerdamente que quien no la conociera no sospecharía el mal que llevaba dentro.»

Y concluye el cronista: «No se alcanza a comprender que majestad tan sabía como el rey don Carlos no aprovechara tan buenas disposiciones para tomar consigo a su madre la reina y a su hermana la princesa Catalina, sacándolas de aquel encierro y trayéndolas a la corte de Valladolid, para que pudiera llevar la vida que corresponde a una reina madre que ha confiado el gobierno de sus reinos a su hijo. Esto le aconsejaron el almirante de Castilla y otros nobles castellanos, pero los flamencos, sobre todo Sauvage, para nada querían oír hablar de la reina fuera del castillo y bajo siete llaves, por miedo a que se alzara con el poder. Y por esta codicia pusieron en grave aprieto a la Corona cuando se levantaron los comuneros bajo el mando de Juan Padilla.»

CAPÍTULO XIV

El alzamiento de los comuneros

Este Sauvage, de cuyo comportamiento se duele el cronista Brancafort, fue el más odiado de los tres cancilleres de los que se servía el rey don Carlos, aunque por fortuna fue el primero en fallecer, el 7 de junio del 1518, y su muerte muy celebrada en Castilla, excepto por Bartolomé de Las Casas, que le tenía por un humanista muy preocupado por la suerte de los indios de las islas y de la Tierra Firme.

Henne, cronista de la época, comenta que si bien le preocupaban los indios, más le preocupaban sus parientes, a los que se dedicó a colocar en los empleos más relevantes de la administración del reino, bien de favor, bien por precio, alzándose con una fortuna de medio millón de ducados en poco más de un año.

Chièvres no le fue a la zaga y se hizo cargo de la Hacienda, lo que le permitía manejar todos los dineros

«Los comuneros de Castilla en el cadalso», cuadro pintado por Antonio Gisbert.

de Castilla, incluidos los que ya llegaban de las Indias en cantidades no despreciables. Desde tan favorable posición consiguió del rey don Carlos el nombramiento de su sobrino, Guillermo de Croÿ, de diecisiete años, residente en Bruselas, como arzobispo de Toledo, sede del primado de España, y que había sido ocupada hasta su fallecimiento por el glorioso cardenal Cisneros.

Los nobles castellanos difícilmente podían soportar semejante humillación y en las Cortes que se celebraron en la primavera del 1518, en Valladolid, dijeron que no reconocerían a don Carlos como rey de España a menos que se comprometiera a no conceder más cargos públicos a los extranjeros. El orador por parte de los nobles castellanos era un joven caballero, muy impetuoso, a quien Sauvage replicó diciéndole que tener a los flamencos por extranjeros era tachar de extranjero al mismo rey don Carlos, lo que significaba delito de alta traición castigado con la horca y la consiguiente confiscación de bienes, por lo que le exigió que allí mismo se retractara si no quería caer en manos del verdugo. No se retractó el joven caballero y en señal de desafío puso la mano sobre la empuñadura de su espada. A punto estaba de producirse el motín con voces de unos y de otros, cuando el rey, aconsejado por el más prudente de sus cancilleres, el cardenal Adriano, prometió que no se nombrarían más extranjeros para cargos principales, lo que sólo cumplió en parte.

Cedió don Carlos porque andaba muy apurado con su nombramiento como emperador de Alemania, para cuya consumación necesitaba los dineros castellanos. La sede imperial, vacante por el fallecimiento de Maximiliano, se la disputaron el rey de Francia,

Francisco I, el de Inglaterra, Enrique VIII, y el rey don Carlos, con más títulos que los anteriores por su pertenencia a la Casa de Austria y por una razón más principal: fue quien logró comprar el voto de los electores empeñándose en la exorbitante cifra de ochocientos mil florines que obtuvo de los banqueros Fugger y Welser.

Camino de Valencia, ante cuyas Cortes había de jurar como rey, recibió la noticia de su elección y tornando grupas se dirigió hacia La Coruña a fin de embarcar camino de Flandes para ceñirse la corona imperial. Con las arcas exhaustas por tantos dispendios no le quedó más remedio que convocar Cortes en Santiago a fin de recaudar fondos que le permitieran emprender el viaje con la dignidad que exigía su nueva realeza. Estas Cortes, y las que a continuación hubo de convocar en La Coruña, fueron muy alborotadas ya que los nobles se resistían a sufragar un viaje que les dejaba sin rey, máxime cuando era para coronarse emperador de Alemania y mucho se temían que eso acarrearía atender a sus nuevos intereses, con menosprecio de los españoles.

Para conseguir la subvención el emperador les aseguró que tan pronto dejara arreglados sus negocios en Alemania retornaría a España, y les volvió a prometer que todos los altos cargos serían ocupados por españoles.

Por fin, en medio del malestar general, levó anclas la flota imperial camino de Flandes y con gran asombro de todos se supo que su majestad, en contra de lo prometido, dejaba como regente del reino durante su ausencia al cardenal Adriano de Utrecht. Y ése fue el pretexto que sirvió para que las ciudades castellanas de la cuenca del Duero se alzaran en armas en la rebelión conocida como de los comuneros, pues comunidades eran las que querían librarse de un poder real arbitrario, que nombraba a extranjeros para los altos cargos y sólo se preocupaba de sacar dineros de los reinos españoles para malgastarlos en recónditos lugares de Europa, en los que nada se les había perdido a los castellanos.

Las primeras algaradas tuvieron lugar en Segovia, donde fue asesinado el procurador en Cortes, Rodrigo de Tordesillas, por considerarlo representante del denostado poder real. Pronto se unió a la rebelión la ciudad de Toledo, cuyo regidor, Juan de Padilla, proclamó a la ciudad como comunidad independiente del poder central y opuesta al regente Adriano de Utrecht. A este movimiento se fueron adhiriendo a lo largo del verano del 1520 las ciudades de Zamora, Guadalajara, Soria, Valladolid, León, Toro, Madrid, Ávila, Burgos, Palencia, y fuera de la cuenca del Duero, Cáceres, Badajoz, Sevilla, Jaén, Úbeda y Baeza. Los que hacían cabezas de este alzamiento eran en su mayoría hidalgos y burgueses del patriciado urbano que se enfrentaban a la realeza, pero también a la nobleza que prosperaba a la sombra de la Corona, con merma de las libertades y derechos de los pueblos.

De ahí que la nobleza se mantuviera indecisa, sin tomar partido, y más indeciso aún el cardenal Adriano, que desbordado por los acontecimientos se limitó a enviar correos a Aquisgrán pidiendo instrucciones al emperador, sin que recibiera respuesta, ocupado como estaba su majestad con las ceremonias de su coronación, y con otro problema no menos grave con el que se encontró en Alemania: el cisma religioso motivado por la doctrina de Lutero que tanta trascendencia política había de tener.

El 29 de julio del 1520, reunidas todas las ciudades rebeldes en Ávila, se constituyeron en Junta Santa, declararon como única soberana legítima de Castilla a la reina doña Juana, y emprendieron la marcha sobre Tordesillas, que mal defendida pronto cayó en poder de los alzados. Este triunfo produjo una gran conmoción en todo el reino, máxime cuando se supo que la reina doña Juana aprobaba la conducta de los comuneros y les ofrecía su apoyo. Todos los cronistas de la época están acordes en considerar que fue el momento en el que más peligró la corona sobre las sienes de Carlos I.

Y en episodio tan relevante jugó un papel no despreciable Flaviano de Bergenroth, que seguía con el pío de ser nombrado alcaide de la plaza para así poder casar con Gertrudis Verccelli, que continuaba de doncella de confianza de la reina, aunque había perdido la doncellez por culpa de los amores ya relatados.

En el tiempo que medió entre el cese del caballero Hernán Duque y la toma de posesión del marqués de Denia, la administración del castillo estuvo a cargo de un gentilhombre pacífico y descuidado, cuyas únicas preocupaciones —salvada la salud de su regia confinada— eran la cetrería y la buena mesa; gustaba de hacer pruebas con los viñedos de la región y se jactaba de conseguir caldos mejores que los franceses. No ostentaba título de gobernador, ni de alcaide, sólo el de administrador, y estaba deseando cesar en él pues era propietario de hermosas fincas en Medina del Campo y se le daba poco de enredos y medros políticos. En lo que al cuidado de la reina se refiere le dejaba hacer a la Gertrudis Verccelli y, a su amparo, también enredaba Flaviano, confiado en el nombramiento de alcaide que le prometiera el señor de Chièvres y que no acababa de llegar.

En esta confianza vivía la pareja de enamorados, tomándose más libertades de las debidas de manera que en la primavera del 1520 resultó embarazada. Al mismo tiempo llegó el nombramiento del marqués de Denia sumiendo primero en el desconcierto, y luego en la desesperación al joven Flaviano, que se desplazó a la corte de Valladolid para pedirle cuentas al señor de Chièvres, sin conseguir ser recibido por él; después de mucho insistir, rogar y hasta amenazar, consiguió que un secretario suyo le prometiera gestionar cerca del cardenal Adriano el puesto tan anhelado, u otro semejante, pero de paso le recordó la bolsa con ducados de oro que había recibido por sus servicios.

La desolación de los enamorados no tuvo límites y la Gertrudis Verccelli dijo que por nada de este mundo quisiera que su señora, que en tanto la tenía, se enterara del mal paso que había dado y que cuando no pudiera disimular su gravidez se apartaría de su servicio, para ocultar su deshonra.

Flaviano, con un desprendimiento que poco tenía que ver con el joven libertino que había sido, le propuso renunciar a medrar en la corte y marchar a las Indias aunque fuera en un puesto inferior al que por linaje le correspondía. Manifestóse indecisa la joven, haciéndole ver que conforme a las reglas imperantes una doncella de la reina no podía contraer matrimonio sin su anuencia, y que en ningún caso la concedería doña Juana si era para abandonarla. Insistió Flaviano proponiéndole casarse en secreto, y le brindó un prelado amigo que lo haría con gusto a la vista del problema de conciencia que tenían; andaba Gertrudis dudosa entre suspiros y dengues propios de una embarazada, cuando les llegó la noticia de que en la junta de Ávila los comuneros habían declarado como soberana de Castilla a la reina doña Juana.

«Sea por doña Juana de una vez por todas —determinó Flaviano de Bergenroth— y paguen su traición quienes tan poco honor hacen a su palabra.»

Sintiéndose traicionado por el señor de Chièvres y su camarilla de flamencos, no dudó en probar fortuna con el bando de los comuneros, y con la diligencia y habilidad que ponía en estos enredos se presentó en el campamento rebelde, que ya iba camino de Tordesillas. El recelo con el que fue recibido por los alzados, por su condición de hijo de flamenco, pronto se disipó cuando se confesó bastardo y postergado de puestos y sinecuras de la corte, ya que en circunstancias no muy diferentes se encontraban muchos de los alzados, segundones e hidalgos pobres que se sentían asfixiados por los poderosos con el rey a la cabeza.

Cuando se supo lo cerca que se movía de la reina fue recibido por el mismo Juan de Padilla, hombre de carácter noble y apasionado que había prometido a los sublevados conseguir la libertad para las comunidades, o perder la vida en el empeño, y en esto último cumplió lo prometido.

Fue Flaviano de Bergenroth quien le informó de las fuerzas que componían la guarnición de Tordesillas y el mejor modo de hacerse con la plaza sin excesivo derramamiento de sangre. Y, como ocurriera dos años antes con el señor de Chièvres, don Juan de Padilla le preguntó por la salud de la reina, y en esta ocasión Bergenroth contestó conforme a sus conveniencias, que eran también las de los comuneros:

«En cuanto a la salud del cuerpo más notable no puede ser, bien cuidada como está por su dama de confianza Gertrudis Verccelli, y en cuanto a la del alma tiene días de tristeza, pero ¿qué mujer no los tendría, abandonada de sus hijos y traicionada por su primogénito que dice reinar en su nombre y todo lo hace a sus espaldas con menosprecio de su realeza?»

Y del modo más favorable a sus intereses le detalló el mal trato que había recibido la reina del mosén Luis Ferrer, por orden del·Rey Católico, y la crueldad de su hijo Carlos, que le arrebató el único consuelo que le quedaba, la princesa Catalina, y cómo se había sosegado cuando no les quedó más remedio que devolvérsela, y los años tan felices que había pasado cuando había estado rodeada de amor, bien del caballero Hernán Duque, bien de su doncella Gertrudis, y el temor que tenían de que el nuevo gobernador, el altivo marqués de Denia, volviera a las andadas y endureciera el encierro hasta hacerla enloquecer.

«¿Entonces —le preguntó Juan de Padilla— vos creéis que está para gobernar?

»¿Es que acaso —le respondió cautamente el Flaviano— no gobiernan sus majestades por el acierto que tienen en nombrar a sus ministros? ¿Y pensáis que nuestra señora ha de estar más desacertada que su hijo, que ha venido rodeado de ladrones aunque me duela reconocerlo en la parte que me toca, por la sangre que corre por mis venas?»

No podían ser más del agrado del caudillo comunero semejantes declaraciones y, por ser costumbre de la época concertar intereses sin olvidar el provecho personal, le preguntó a Flaviano cuáles eran sus pretensiones, a lo que éste con la misma sinceridad le contestó que la primera de todas era la de cesar al marqués de Denia de su cargo, confirmar a Gertrudis

Verccelli como dama principal y a él conferirle el grado que le correspondiera en el nuevo ejército de los comuneros, que entendía que por lo menos sería el de capitán, dado el arte que tenía en manejar la espada, y luego ya se vería.

Cumplieron ambos, fue cesado el marqués de Denia, pasó a mandar en el castillo la Gertrudis Verccelli, y se batió con gran valor en los campos de batalla el Flaviano de Bergenroth y, sin embargo, el alzamiento no prosperó porque no acertaron en lo más principal, que fue el tratamiento que habían de dar a doña Juana la Loca.

La reina estaba en una estación de altibajos, pero sin llegar a los arrebatos de tiempos pasados porque bien se cuidaba la Verccelli de evitarle lo que pudiera contrariarla. Su majestad, en los días buenos, reconocía su mal y acostumbraba a decir: «Si yo fuera vihuela que difícil sería de templar.» También en esos días se admiraba de que su hijo Carlos no fuera a visitarla para darle cuenta del gobierno del reino que le había confiado. Pero cuando le dijeron que había sido elegido emperador de Alemania se tranquilizó y comprendió, como majestad que era, la obligación que tenía su hijo de hacerse con corona tan importante. De su padre el Rey Católico parecía haberse olvidado y para nada le mentaba.

Del alzamiento de los comuneros no le dieron cuenta hasta que se presentaron a las puertas de Tordesillas y el marqués de Denia fue obligado a abandonar el cargo. La entrada de Flaviano, con las insignias de capitán, gozando de la confianza de Juan de Padilla y encargado de preparar a la reina, fue del todo triunfal.

Los comuneros habían hecho el recorrido desde Ávila hasta Tordesillas en medio del fervor popular, sin encontrar apenas resistencia ya que los concejos habían logrado reunir una milicia de quince mil hombres, mientras que los nobles justo habían alcanzado los cuatro mil, muy desorganizados puesto que sus mandos no estaban de acuerdo en lo que había de hacerse. El cardenal Adriano, el menos animoso de todos ellos, se inclinaba por claudicar ante las ciudades rebeldes; el almirante de Castilla abogaba por una negociación que terminara en reconciliación; y el único que quería la acción resuelta y el castigo era don Íñigo de Velasco, condestable de Castilla, que no encontraba el respaldo suficiente para llevarlo a cabo.

En medio de esas disensiones fue cuando tuvo lugar la toma de Tordesillas con Flaviano de Bergenroth a la cabeza, quien manifestó a su enamorada que ya no se conformaba con la gobernación del castillo puesto que podía aspirar a un generalato y a un título de nobleza que su majestad la reina habría de concederle por el servicio que le iban a prestar.

Como en la anterior ocasión, fue también Gertrudis Verccelli la encargada de informar a la reina de lo que estaba sucediendo y lo que se esperaba de ella, puesto que los comuneros la habían reconocido como única y legítima soberana de Castilla, a lo que doña Juana, en presencia de don Juan de Padilla, del obispo Acuña y de don Pedro Lasso de la Vega, manifestó con gran serenidad:

«Si me habéis reconocido como reina, no habéis hecho más que lo que debéis. ¿O es que acaso no lo soy?»

Excúsase decir el contento con que los reunidos recibieron semejante declaración y más aún cuando puntualizó que si bien había otorgado poderes a su hijo Carlos, al estar éste ausente y no poder hacerse cargo del gobierno del reino, los poderes habían de retornar a su fuente, que no podía ser otra que la que los concedió.

De tales declaraciones se hicieron comunicados que se repartieron por todas las ciudades alzadas, en las que se celebraron festejos, porque entendían que contar con la reina era liberarse de la tiranía extranjera representada por el rey Carlos y su corte de flamencos.

En la cumbre de su triunfo y soñando Juan de Padilla con que toda España estaba a sus pies —en Valencia y Mallorca se había producido un levantamiento similar llamado de las Germanías— no se conformó con lo manifestado de palabra por la reina y quiso que constara por escrito y con su firma, para que por todo el reino circulara la noticia de quiénes eran los que gozaban de la confianza de la única soberana legítima. Y con gran desesperación de Flaviano de Bergenroth, que bien les advertía que la reina no había de firmar, se empeñaron en esta pretensión el obispo Acuña y el general Lasso de la Vega que junto con Padilla eran los de más ascendiente en el movimiento de las comunidades. El obispo y el general fueron los únicos nobles que se unieron a los sublevados y lo hicieron por rencillas personales con el Consejo de Grandes de España.

Flaviano de Bergenroth les recordó que el señor de Chièvres se había salido con la suya, conformándose en recoger ante escribano las declaraciones de su majestad, y que otro tanto debían hacer ellos, puesto que la reina había prometido a su difunto esposo no firmar y en ese punto no cedía.

Pero los comuneros, comerciantes y funcionarios la mayoría de ellos, se mostraron menos duchos que los nobles en los enredos de la política y se pusieron muy ternes con el asunto de la firma y hasta proclamaron a los cuatro vientos que la reina firmaría una pragmática para que no quedara duda de la legitimidad del movimiento comunero.

El tiempo pasaba, la reina no firmaba, y las tropas reales se iban ordenando y disponiéndose a la lucha, perdiendo así la ventaja inicial que habían tomado los comuneros. La inactividad no benefició a las milicias concejiles que comenzaron a practicar las mañas propias de los soldados en guerra, entre otras la rapiña, porque las soldadas no llegaban a tiempo ya que las ciudades alzadas mostraban su descontento por los gastos crecientes de la guerra, que exigían nuevos impuestos para sufragarlos.

En medio de estas incertidumbres el cardenal Adriano dirigió un escrito al emperador advirtiéndole que, en el caso de que la reina firmase el documento que le solicitaban los comuneros, podía dar por terminado su reinado en España. En esta ocasión el emperador, mejor aconsejado, reaccionó oportunamente y nombró como regentes a los dos títulos más relevantes de Castilla, al condestable y al almirante. Así comenzó a dar cumplimiento a su promesa de nombrar a castellanos para los más altos cargos del reino, y los demás nobles, pensando que a ellos también les llegaría su turno, se aglutinaron en torno al condestable, cuya primera medida fue tomar el camino de Tordesillas para hacerse con la villa que hacía cabeza del reino, por residir en ella la reina.

Flaviano de Bergenroth, viendo que se le escapaba el sueño que había tenido al alcance de la mano, mantuvo una acalorada disputa con Juan de Padilla, en la que según cuenta un cronista anónimo le dijo:

«“¿Queréis una firma de la reina? Pues por los clavos de Cristo os aseguro que la tendréis.” “¿Cómo ha de ser eso? —le replicó el capitán general—. ¿Es que acaso pensáis darla tormento?” “De ningún modo pondría yo las manos sobre nuestra señora —le contestó Bergenroth—, y de poco serviría hecha como está a sufrir.” Y ante la insistencia del capitán general, el Bergenroth se comprometió a fingir una firma de la reina en todo igual a la que figuraba en los documentos, antes de casar con don Felipe el Hermoso. Don Juan de Padilla se admiró ante tanto atrevimiento y dijo que no se conocía en el mundo entero quien se atreviera a tanto. Pero no hizo mala cara a la propuesta, aunque argüía que la reina podría negar que aquella firma fuera la suya, a lo que Bergenroth replicó: “La reina no firma, pero tampoco afirma ni niega, ni le daremos oportunidad para esto último si tenemos el castillo bien guardado como ha estado hasta ahora.” El capitán general quedó convencido y lo puso en conocimiento del obispo Acuña, para que el prelado diese también su conformidad y así salvar su conciencia. Pero este prelado, que en otros órdenes de la vida era muy ligero, en éste se mostró en exceso escrupuloso diciendo que robar la firma a otra persona era como robarle el alma, y que los que tal hicieran merecerían caer en manos del verdugo en esta vida, y en la condenación eterna en la otra.

»Y por culpa de este prelado —concluye el cronista, que por la forma de expresarse ya se ve de parte de quién estaba— no llegó a buen término la justa causa de los comuneros, ni él se libró del verdugo pues fue de los que ordenó degollar el emperador cuando regresó a Castilla. En cuanto a su condenación en la otra vida tampoco está claro que se salvara de ella, pues fue de los que luchó hasta el final y por su culpa muchos inocentes perdieron la vida. A este prelado se le daba más de una firma, que de tantas madres como quedaron sin sus hijos, y tantas esposas sin sus maridos.»

De todo este enredo salió muy mal parada doña Juana, por la presión que le hacían unos y otros, y para colmo un mal día se le ocurrió preguntar por su padre, de quien parecía haberse olvidado, y Gertrudis no se encontró con fuerzas para seguir mintiéndole y le confesó la verdad. La reina se quedó sumida en un pasmo del que sólo salía para decir que habían de celebrar funerales por su alma, y algunas noches soñaba que su padre le pedía cuentas desde los infiernos, o como mucho desde el purgatorio, por haber descuidado durante tanto tiempo las exequias.

Comenzó a desvariar como en tiempos pasados, y los jefes comuneros, pensando que en tales circunstancias ya no podían servirse de ella, abandonaron la villa de Tordesillas, acosados por los realistas, y decidieron retirarse hacia la ciudad de Toro, plaza bien amurallada, para hacerse fuertes en ella.

Esto sucedía en la primavera del 1521, que fue muy lluviosa, y por el camino les sorprendieron tormentas y riadas, que embarraron aquellas llanuras dificultando la marcha de los infantes y obligándoles a abandonar parte de la artillería. Del ejército de quince mil hombres, sólo les quedaban a los comuneros poco más de cuatro mil, que también fueron desertando según se sentían cercados por las tropas reales. Por eso cuando llegó la jornada definitiva, la del 23 de abril del 1521, festividad de san Jorge, en los campos de Villalar, los primeros sorprendidos fueron los jinetes de la caballería real que apenas encontraron resistencia en los rebeldes, cuyas tropas se dieron a la desbandada.

Sólo los tres jefes comuneros más heroicos, Padilla, Juan Bravo y Maldonado, lucharon hasta el final, espada en mano, y junto a ellos Flaviano de Bergenroth, que en la desesperación ante tanta adversidad deseaba morir con un honor del que tan poco aprecio hiciera en su vida pasada. Hechos presos y sin necesidad de juicio, fueron degollados en la plaza pública de Villalar los tres citados jefes, que afrontaron la muerte gallardamente dando vivas a la libertad, y sin querer pedir perdón a su majestad el emperador, aunque eso pudiera significarles el descuartizamiento en lugar del tajo. Pero el capitán general de los realistas, por no enconar más las cosas, consintió en que los degollaran tan sólo.

Flaviano de Bergenroth, bien porque no fuera considerado jefe de la rebelión, bien por la admiración que causara, incluso entre sus enemigos, su destreza y coraje en el manejo de la espada, no fue ejecutado en aquella ocasión, sino confinado junto a otros trescientos comuneros, en espera de lo que el emperador dispusiera. Pero un flamenco que militaba en las filas realistas, pariente suyo, sabiendo cuán pocas esperanzas tenía de salir con vida quien tanto había urdido en contra de los intereses imperiales, le facilitó aquella misma noche la huida, lo que no le resultó difícil dado el desorden que reina en los campamentos después de las batallas.

Consiguió alcanzar la ciudad de Toledo, la única que no se rindió al emperador después de la derrota de Villalar, y en la que seguía enarbolando la bandera comunera María de Pacheco, viuda de Padilla, mujer muy brava, amén de dolorida por la suerte que había corrido su marido, que recibió con agrado a Flaviano de Bergenroth, de cuyo valor se hacían lenguas las gentes.

Esta María de Pacheco resultó más sesuda que su marido y consciente de que no podrían hacer frente a las tropas reales que estaban en trance de aumentarse con tres mil lansquenetes alemanes a punto de llegar a España, con el emperador a su cabeza, sólo trató de hacerse fuerte en plaza tan bien amurallada como Toledo, para desde ella negociar una rendición honrosa. A tal fin, y con ayuda de letrados, preparó un memorial para hacerlo llegar a su majestad, muy moderado, en el que se reconocía el derecho del rey Carlos al trono de Castilla, y sólo le pedían reformas muy discretas, de orden económico, muy convenientes para el buen gobierno de los pueblos.

Durante cerca de un año estuvo la ciudad de Toledo sitiada por las tropas del rey, muy bien defendida por los sitiados que habían logrado concentrar en sus murallas el grueso de la artillería que no se perdió en la batalla de Villalar. Cada atardecer la María de Pacheco, en persona, discurría por las murallas y se mostraba en las torres almenadas del castillo arengando a los defensores, siempre en nombre de las libertades. Era mujer de hermosa figura y de verbo muy cálido, que sabía decir las cosas con mucho fundamento y les hacía discurrir a los sitiados que estaban luchando, no contra el emperador, sino contra quienes le aconsejaban mal y no le hacían ver que las libertades que pedían redundarían en provecho de la Corona. Junto a ella se mostraba siempre Flaviano de Bergenroth, a quien había nombrado su alférez con mando sobre la infantería.

La ciudad de Toledo, hecha a resistir durante siglos

las embestidas de los árabes, estaba preparada para soportar un sitio de semejante naturaleza durante lustros, y al cabo el emperador hubiera consentido en lo que le pedían, si no se hubieran producido disensiones internas que propiciaron la entrada de las fuerzas del rey.

Según el cronista anónimo al que antes nos hemos referido, la culpa la tuvo el obispo Acuña, que fue de los que también encontró refugio en la plaza sitiada. «Pero en lugar de conformarse con ser uno más entre los sitiados —cuenta el cronista— quiso alzarse con el mando y eso no podía ser estando la María de Pacheco, que tenía más títulos y más gracia para hacerse obedecer de las tropas. Más le hubiera valido a ese prelado ocuparse de su diócesis de Zamora, que la tenía del todo abandonada, en lugar de meterse en guerras en las que nada se les ha perdido a quienes visten el traje talar, salvados los remedios a enfermos y moribundos.»

Sin que se conozcan exactamente las causas, el 20 de febrero del 1522 se produjo un motín en el interior de la ciudad, que fue aprovechado por los sitiadores para hacerse con la plaza. Doña María de Pacheco logró huir y refugiarse en Portugal y otro tanto hizo el obispo Acuña, aunque no estuvo tan prudente como la viuda de Padilla, y al cabo de unos meses, como siguiera enredando por tierras de Castilla, fue hecho prisionero y ejecutado por orden del emperador.

Entre el motín y la rendición de la plaza mediaron dos días, que aprovecharon otros jefes comuneros para huir también, de manera que cuando entraron las fuerzas reales la autoridad militar de mayor graduación era el alférez Flaviano de Bergenroth, quien se sintió muy orgulloso de entregar su espada, ensangrentada hasta la empuñadura, al condestable de Castilla, aun consciente de que en eso le iba la vida. Vencedores absolutos los nobles, no tuvieron prisa en ejecutar las sentencias, lo que dio tiempo a que la noticia llegara al castillo de Tordesillas y se enterara la Gertrudis Verccelli de la suerte que le esperaba a su enamorado.

Como era de temer, la situación de la infeliz reina había empeorado notablemente después de la derrota de los comuneros, y hay quienes sostienen que de no ser tenida por loca, hubiera merecido la muerte como reo de alta traición por hacer causa común con los enemigos del emperador. No sería la primera vez en la historia de las realezas que un hijo consintiera en la muerte de su madre por el bien de la Corona, pero en esta ocasión el rey don Carlos para nada quiso oír hablar de ello e insistió en que se le guardaran las consideraciones debidas a su majestad, y él mismo hasta su muerte siguió firmando en su nombre y en el de su madre la reina doña Juana.

Pero el marqués de Denia, que infamemente había sido expulsado del castillo por los comuneros con anuencia de la reina, volvió con ánimo de revancha y la primera disposición fue cesar en su cargo de dama de confianza a la Gertrudis Verccelli, aunque no se atrevió a echarla del palacio por temor a la reacción de la reina. Como consecuencia de tantos disgustos, o porque así lo tenía dispuesto natura, Gertrudis perdió la criatura que llevaba en su seno, sin que conste cómo se las arregló para salir de tan amargo trance sin que se enterara la reina.

Lo que sí consta es que el marqués venía decidido a asentarse en el castillo hasta su muerte, como así fue, y se trajo consigo a toda la familia, ocupando el ala principal del castillo y relegando a la reina y a su disminuida corte a las partes más oscuras. A su esposa, la marquesa, le encomendó lo relativo al cuidado personal de doña Juana, arduo trabajo cuando la reina estaba de malas, lo que en circunstancias tan adversas sucedía los más de los días. Esta marquesa, mucho más joven que su marido, y de carácter tímido y apocado, pronto se tuvo que apoyar en la Verccelli para poder hacer carrera de su majestad y así nació una amistad entre ambas mujeres, y puede que fuera la marquesa quien la ayudara cuando perdió a la criatura.

Informada Gertrudis de la rendición de Toledo y de que la vida de su amado dependía de la gracia del emperador, en su dolor no dudó en echarse a los pies de la reina y suplicarle por la vida de Flaviano. Educada doña Juana para ser majestad y disponer, por tanto, sobre la vida y la muerte de sus súbditos, no le sorprendían estas peticiones y razonaba sobre ellas mejor que cuando se le planteaban cuestiones de la vida ordinaria como, por ejemplo, las relacionadas con su aseo personal.

«¿Es que acaso pensáis casaros con él y abandonar mi servicio?», le preguntó doña Juana en esta ocasión.

A lo que la dama replicó que sólo pretendía salvar su vida, y que aunque desterrado tuviera que marchar a las Indias, ella seguiría a su servicio hasta el fin de sus días.

Y entonces se produjo uno de los hechos más sorprendentes de la vida de doña Juana la Loca. Se hizo traer recado de escribir y de su puño redactó y firmó un escrito por el que otorgaba la gracia de la vida a

Flaviano de Bergenroth. Eso se lo había visto hacer a la Reina Católica en más de una ocasión y ella lo repitió con la misma desenvoltura y majestad que su egregia madre. Era el primer documento que firmaba desde 1506, año en el que vino por segunda vez a España, y ya nunca volvió a firmar ninguno más.

Le faltó tiempo a la Gertrudis Verccelli para ordenar un carruaje y sin dar descanso a los caballos, cambiando de postas cada seis leguas, se presentó en la ciudad de Toledo, logrando ser recibida por el gobernador al invocar que traía un escrito de su majestad. El gobernador era don Diego Martínez de Escosura, militar muy aguerrido, que alcanzaría notoria fama en los tercios de Flandes años más tarde. En aquella época era un joven noble, muy disciplinado y adicto al emperador, que no sabía qué hacer con el papel que le presentaba aquella suplicante dama, por lo que requirió el consejo de los principales de la villa.

Don Carlos había ya cruzado la frontera de España, con la corona imperial ceñida sobre las sienes, y con los famosos tres mil lansquenetes y su parque de artillería, para avalar cuanto dijera y dispusiera. No era de temperamento cruel Carlos I, pero entendía que los sublevados merecían un escarmiento para evitar que se repitieran tales alzamientos y tomaran nota de ello los de las germanías levantinas, que todavía andaban arriscados. El partido de la nobleza le encareció que supiera mostrarse clemente con los vencidos y el emperador accedió y de los trescientos comuneros sujetos a juicio, sólo mandó ejecutar a veinte y al resto perdonó la vida, aunque confiscándoles los bienes.

Entre esos veinte condenados se encontraba Flaviano de Bergenroth, a quien el emperador no quiso excluir del castigo merecido, no tanto porque estuviera al frente de la última guarnición rendida, sino porque no se entendiera que le hacía favor por ser hijo de flamenco.

El gobernador Martínez de Escosura se mostró muy misericordioso con Gertrudis Verccelli, consintiéndole el ver a su enamorado, pero nada pudo hacer por su vida, ya que el consejo de notables de la ciudad determinó la invalidez del documento de gracia, no porque la reina careciera de tal facultad, puesto que reina seguía siendo por disposición del emperador, sino porque a todas luces tenía que ser falsificado pues era sobradamente conocido que su majestad no firmaba documento alguno.

El cronista anónimo comenta este triste episodio en los siguientes términos:

«Si su majestad el emperador, que ya andaba por tierras de Valladolid, hubiera sabido de la existencia de este decreto de gracia firmado por su augusta madre, hubiera consentido en él, por no desdecirla y darle gusto en lo poco que podía, siempre que no afectara a su realeza. Pero los regentes de la ciudad de Toledo no quisieron molestarle por esa minucia y prefirieron descabezar a Bergenroth. A éste le perjudicó el que se había corrido la voz de su intento de falsificar la firma de la reina y pensaron que su prometida había hecho otro tanto por salvarle la vida. A la Gertrudis Verccelli no le pidieron cuentas por ello y la perdonaron como mujer enamorada, pero a Flaviano le cortaron la cabeza en la plaza mayor de Toledo; el alférez que tantas muestras de valor había dado en los campos de Villalar, y en las murallas de Toledo, no las dio menos ante el verdugo, poniendo la cabeza en el tajo con gran resignación, pero sin dar voces por las libertades como hicieran otros jefes comuneros que corrieron la misma suerte. Al alférez todo se le iba en suspirar por la mujer amada, lo cual es de admirar en quien cuando llegó muy joven a España, en el séquito de don Felipe el Hermoso, era de los más arrastrados, siempre a la flor del berro, en garitos y lupanares, y faltando a la mujer del prójimo, por lo que tuvo más de un duelo y en trance estuvo de ser desterrado de la corte. Pero morir murió como el más cumplido y enamorado de los caballeros.»

Francisco López de Gómara, ilustre cronista de Indias, coetáneo de estos acontecimientos, entiende que la autoridad del emperador salió muy fortalecida con la derrota de los comuneros, pero que no por eso el sacrificio de los alzados fue baldío. Muchos de los flamencos que habían venido a España, como depredadores, se volvieron a su país al ver que peligraban sus vidas durante el apogeo del alzamiento de las comunidades, y ya nunca más volvieron, y eso que ganó nuestro país.

También cambiaron las disposiciones de ánimo del emperador Carlos V, que se dio a aprender el castellano y acabó hablándolo aunque siempre con un deje afrancesado. Hizo caso de algunos de los puntos que se contuvieran en el memorial que le dirigiera María de Pacheco, tanto en lo relativo a no abusar de los impuestos, como en el de casar con mujer de estirpe española, para que así todos los súbditos le tuvieran por más suyo. Efectivamente, casó con su prima Isabel, portuguesa de origen castellano, que fue muy buena administradora del reino durante las largas ausencias del emperador por tierras de Europa. A pesar de tantas ausencias acabó siendo más español que alemán, quiso que su primogénito y heredero Felipe II naciera en Valladolid, y él mismo para morir eligió el monasterio de Yuste, en tierras de Castilla.

CAPÍTULO XV

Epílogo en Tordesillas

Gertrudis Verccelli retornó al castillo de Tordesillas y, pese al tremendo dolor que laceraba su corazón por la acerba muerte de su amado, tuvo la caridad de no contarle a su majestad el poco caso que habían hecho de su decreto de gracia, y le decía que Flaviano había sido desterrado a las Indias. La reina le razonaba que se alegraba pues el caballero no le convenía, y la consolaba diciéndole que ella seguía comprometida a dotarla cuando encontrara un pretendiente que fuera de su gusto. Como este pretendiente era imposible que apareciera, Gertrudis Verccelli acabó profesando en religión en el convento de Nuestra Señora de Gracia, de Ávila, que pertenecía a las madres agustinas de la *Ordo Sancti Augustini*, del que llegó a ser priora. Era éste un convento muy abierto, y en más de una ocasión la antigua doncella volvió a visitar a su reina, aunque no siempre era bien

Sepulcro de Felipe el Hermoso y Juana la Loca en la capilla Real de Granada.

recibida porque el marqués de Denia se mostraba muy celoso de todo lo que pudiera recordar a su ilustre prisionera los tiempos gloriosos en los que estuvo a punto de ser reina efectiva con los comuneros.

La reclusión a perpetuidad de la reina doña Juana había de durar todavía treinta y cuatro años a contar de la rendición de Toledo, que para ella no tuvieron más historia que la de ver pasar los días uno detrás de otro, y hasta cambiar de monarcas, pues le dio tiempo a su hijo don Carlos de conquistar vastos territorios en las Indias Occidentales, ser dueño de medio mundo y retirarse ya anciano al monasterio de Yuste, para ceder el trono a su hijo, el rey Felipe II.

Tantos años de reclusión resultaron tan parecidos los unos de los otros que ya no hay cronistas que se hagan eco de lo que sucedía *intra* muros del castillo de Tordesillas. La última noticia es del holandés Raimundo de Brancafort, quien cuenta que en el 1525 la infanta Catalina, que ya había cumplido los dieciocho años, salió para casar con el rey don Juan, de Portugal. «En esta ocasión —narra el caballero holandés— partió la princesa con anuencia de su regia madre, pues no hay mujer, por desequilibrada que esté, que no vea con gusto casar a una hija y no esté dispuesta a sacrificarse por ello; pero el dolor que le quedó fue tan inmenso, que no es para descrito. Esto sucedía en el primer día del año, gélido como lo son en aquella meseta, y la reina se pasó un día y una noche en la balconada mirando el camino por el que se había marchado la infanta con su comitiva, sin cuidarse de los fríos y los hielos. Luego, durante muchos años, la reina se despertaba sonriente porque decía que había soñado que volvía la princesa Catalina, bien casada, y con eso se conformaba. En otras ocasiones, cuando no quería comer ni atender al aseo de su cuerpo, el marqués de Denia le decía que si entraba en razón, la princesa Catalina vendría a verla. Eso algunos lo consideran gran crueldad para con la pobre enferma, pero es de comprender que el marqués tenía órdenes del emperador don Carlos de mantenerla con vida. En los días buenos la reina se interesaba por esta hija suya, tan querida, pero comprendía que siendo reina se debía a su reino y no podía venir a verla.»

Cuando don Felipe II fue coronado rey de España para nada se habló, ya, de que había de reinar con doña Juana, ni consta que el nieto llegara a conocer a su augusta abuela, pero eso no quiere decir que no se preocupara por ella, sobre todo cuando le llegaron noticias de que descuidaba sus deberes religiosos y hasta mostraba repugnancia al Santo Sacrificio de la Misa, que era tanto como declararse protestante. Dispuso que la visitara el jesuita Francisco de Borja, quien todavía no había cantado misa, pero cuya fama de santidad alcanzaba de un extremo a otro de la Península. Este noble caballero, en el siglo duque de Gandía, grande de España, virrey de Cataluña, había estado al servicio de la reina doña Juana, como paje, cuando contaba trece años de edad.

Por aquellos años la reina, al igual que quienes padecen demencia senil, confundía y olvidaba cualquier suceso presente, pero guardaba memoria de evocación para los hechos pasados, y así que vio al que fuera su paje en tiempos de su amor con don Felipe el Hermoso, pareció recobrar el sentido y no cabía en sí de alegría. Esta visita, y otras que la siguieron, hicieron un gran bien a la reina, que se complacía hablando con hombre tan santo, y hacía muchas cosas por su consejo, aunque no tanto como para decir que recobrara el juicio quien lo tenía perdido hacía ya muchos años.

Así como el de Borja fue muy amoroso y caritativo con la reina, se mostró muy severo con el marqués de Denia, y más aún con las mujeres de su familia que, sin entender, se alzaban en guardianas del alma de su señora y la forzaban a ir a misa, muy a destiempo y contra su voluntad. Les hizo ver que la locura no estaba reñida con la santidad y que doña Juana, por lo que había padecido y estaba padeciendo, llevaba camino de ir derecha al cielo, que es la morada de los santos. Esto lo decía porque en los dos últimos años, por la mucha edad, y el descuido de su persona, sufría dolorosísimas llagas en las piernas que a cada poco se le infectaban.

Estas visitas comenzaron en el 1552 y ya no dejaría de verla hasta el Viernes Santo del 1555, que cayó en un 12 de abril, día en el que falleció. En esta ocasión ya se había ordenado sacerdote el futuro san Francisco de Borja y pudo recibirla en confesión, que la hizo general y muy cumplida. Por razón del secreto sacramental nunca se sabrá lo que en ella dijo, pero los que estuvieron presentes dicen que el de Borja se mostraba admirado de tanta lucidez, en quien durante tantos años había padecido de tanta confusión, y lo atribuía a que el Señor le había reservado el mismo día que Él murió en la cruz, para llevársela consigo.

Funeral y honores después de muerta los tuvo más sonados que en vida y su cadáver, junto con el de su amado esposo, don Felipe el Hermoso, y los de los Reyes Católicos, reposa en el panteón real de Granada.

BIBLIOGRAFÍA

Para la recreación de la vida de doña Juana la Loca el autor ha recurrido a las siguientes fuentes:

Bernáldez, Andrés, *Memorias del reinado de los Reyes Católicos*, Madrid, 1962.

Domínguez Ortiz, Antonio, *El Antiguo Régimen: los Reyes Católicos y los Austrias*, tomo III de la *Historia de España de Alfaguara*, Alianza Editorial, Madrid, 1979.

García Mercadal, J., *Cisneros*, Biblioteca Nueva, Madrid, 1941.

López de Gomara, *Historia general de las Indias*, Ed. Iberia, Barcelona, 1965.

Olaizola, José Luis, *Bartolomé de Las Casas, crónica de un sueño*, Ed. Planeta, Barcelona, 1991.

Pérez, Joseph, *Isabel y Fernando. Los Reyes Católicos*, Ed. Nerea, Madrid, 1988.

Pfandl, Ludwig, *Juana la loca*, Espasa-Calpe, Madrid, 1984, 11.ª edición.

Pradwin, Michael, *Juana la loca*, Ed. Juventud, Barcelona, 1970.

Suárez Fernández, Luis, «El camino hacia Europa», dentro de la obra *Los Reyes Católicos*, colección Forjadores de la Historia, Ed. Rialp, Madrid, 1990.

Tuñón de Lara, Manuel, Julio Valdeón Baruque, Antonio Domínguez Ortiz, *Historia de España*, Ed. Labor, Barcelona, 1991.

Vallejo-Nágera, Juan Antonio, *Locos egregios*, Ed. Planeta, 1989.

Vallejo-Nágera, Juan Antonio, «¿Estaba loca doña Juana la Loca?», dentro de la obra *Mi mundo*, prólogo de Alejandra Vallejo-Nágera, Temas de Hoy, Madrid, 1995.

El autor advierte que se ha tomado algunas licencias literarias, que entiende lícitas, siempre que se respete escrupulosamente el marco histórico y la cualidad de los personajes que por él desfilan.

ÍNDICE ONOMÁSTICO

Las cifras en cursiva remiten a las ilustraciones

Impreso en Litografía Rosés, S. A.
Progrés, 54-60. Polígono La Post
Gavá (Barcelona)